图书在版编目(CIP)数据

儒学经典 / 吕友仁等注译. -- 郑州 : 中州古籍出版社, 2012.9

(国学典藏)

ISBN 978-7-5348-3883-5

Ⅰ.①儒… Ⅱ.①吕… Ⅲ.①儒学 Ⅳ.①B222

中国版本图书馆 CIP 数据核字(2012)第 146781 号

国学典藏—儒学经典

出 版 社: 中州古籍出版社

(地址: 郑州市经五路 66 号　邮政编码: 450002)

发行单位: 新华书店

承印单位: 山东齐鲁古籍印务有限公司

| | | | |
|---|---|---|---|
| 开　本: | 880mm×1230mm　1/16 | 印　张: | 247.75 |
| 字　数: | 845 千字 | 印　数: | 2000 册 |
| 版　次: | 2012 年 9 月第 1 版 | 印　次: | 2012 年 9 月第 1 次印刷 |

定价: 1424.00 元(一函十一卷)

本书如有印装质量问题,由承印厂负责调换,电话:0539-2216386。

# 春秋繁露

(共壹卷)

# 目録

# 卷一

【原文】

## 楚莊王第一

楚莊王殺陳夏徵舒，《春秋》貶其文，不予專討也。靈王殺齊慶封，而直稱楚子，何也？曰：莊王之行賢，而徵舒之罪重。以賢君討重罪，其於人心善。若不貶，孰知其非正經。《春秋》常於其嫌得者，見其不得也。是故齊桓不予專地而封，晉文不予致王而朝，楚莊弗予專殺而討。三者不得，則諸侯之得，殆此矣。此楚靈之所以稱子而討也。《春秋》之辭多所況，是文約而法明也。問者曰：不予諸侯之專封，復見於陳蔡之滅；不予諸侯之專討，獨不復見於慶封之殺，何也？曰：《春秋》之用辭，已明者去之，未明者著之。今諸侯之不得專討，固已明矣。而慶封之罪未有所見也，故稱楚子以伯討之，著其罪之宜死，以爲天下大禁。曰：人臣之行，貶主之位，亂國之臣，雖不篡殺，其罪皆宜死，比於此其云爾也。

【译文】

（有人问：）楚庄王杀死陈国大夫夏征舒，《春秋》将楚子贬低为楚人，这是不赞成诸侯的专讨。而楚灵王杀死齐国大夫庆封，《春秋》却称其为楚子，这是什么缘故呢？（我回答）说：这是因为楚庄王是一位贤君，而夏征舒的罪行深重。贤君讨伐重罪之臣，人心皆以其为善举。《春秋》如果不加以贬斥的话，人们哪里会知道他做的事不合于正经呢？《春秋》常常在那些可疑的所谓德政中，显示其不德之处。因此不赞成齐桓公专地而封人，不赞成晋文公盟会时招致天子而来，也不赞成楚庄王擅专杀专讨之权。以上三者之权不能从天子那里得到，那么诸侯所能得到的正当权力就可以推想而知了。这就是楚灵王称子而进行讨伐的缘故。讨伐《春秋》的用辞多做比方，文辞简约而法度明确。问者说：在不赞成诸侯专封这件事上，《春秋》在记述陈、蔡灭亡时也这样用辞，而在不赞成诸侯专讨一事上，却不见于庆封被杀时，这是为什么呢？（我回答）说：这是因为《春秋》这本书在用辞讲究方面，对已经明了的事一般不再多言，而对于不明了的事则要使它著显。诸侯不得专讨一事，已经很明白了。而庆封的罪行，则前面并未有所交代，因此称楚子，这是以方伯的高贵地位来讨伐庆封，著明其罪之当死，以此让人知道什么是天下大禁。像齐国庆封这样，身为人臣，却造成国君的地位受到损害，国家也被他搞乱，即使他没有去篡弑其君，他的罪行也该死，这里的用辞就是以庆封为例的。

【原文】

《春秋》曰：「晉伐鮮虞。」奚惡乎晉而同夷狄也？曰：《春秋》尊禮而重信。信重於地，禮尊於身。何以知其然也？宋伯姬疑禮而死於火，齊桓公疑信而虧其地，《春秋》賢而舉之，以爲天下法，曰禮而信。禮無

不答，施無不報，天之數也。今我君臣同姓適女，女無良心，禮以不答，有恐畏我，何其不夷狄也。公子慶父之亂，魯危殆亡，而齊侯安之。於彼無親，尚來憂我，如何與同姓而殘賊遇我。《詩》云：「宛彼鳴鳩，翰飛戾天。我心憂傷，念彼先人。明發不昧，有懷二人。」人皆有此心也。今晉不以同姓憂我，而强大厭我，我心望焉，故言之不好，謂之晉而已，婉辭也。問者曰：晉惡而不可親，公往而不敢至，乃人情耳。君子何恥而稱公有疾也？曰：惡無故自來，君子不恥，內省不疚，何憂於志？是已矣。今《春秋》恥之者，昭公有以取之也。臣陵其君，始於文而甚於昭。公受亂陵夷，而無懼惕之心，囂囂然輕計妄討，犯大禮而取同姓，接不義而重自輕也。人之言曰：「國家治，則四鄰賀；國家亂，則四鄰散。」是故季孫專其位，而大國莫之正。出走八年，死乃得歸。身亡子危，困之至也。君子不恥其困，而恥其所以窮。昭公雖逢此時，苟不取同姓，詎至於是。雖取同姓，能用孔子自輔，亦不至如是。時難而治簡，行枉而無救，是其所以窮也。



**【译文】**

（问者说：）《春秋》里写道：「晋伐鲜虞。」这里为什么憎恶晋国而把它与夷狄同等对待呢？（我回答）说：《春秋》尊礼而重信。信义比土地还重要，礼义则比人的生命更为尊贵。何以知道这个道理呢？宋国的宫殿发生火灾，伯姬守妇人之礼而死于火中；齐桓公信守诺言而使得齐国损失了土地。《春秋》称赞他们为贤人，以此为天下所当效法，这就是礼与信。礼没有不报答的，施与人没有不回报的，这是天道。我们鲁国作为你们的同姓，君臣到你们晋国去，你们没有好心，不待以礼，而且又威胁于我，这如何不是夷狄的行为呢？鲁国庆父之乱的时候，国家危亡，是齐桓公平定了祸乱。齐国跟我们不是同姓，尚且能够担忧我们的安危，你们作为同姓却要危害我们。《诗经》说：「小小的斑鸠啊，一下就飞到了天上。我的心里忧伤啊，怀念先人。从夜至旦啊，念此二人。」人人都有念及先祖之心。现在晋国不看在同根的分上忧念我，反而自恃强大，以势压人，我们鲁国十分怨恨，因此对晋国不客气，只称之为晋而已，这是委婉之辞。问者说：晋国可恶而不可亲，鲁公往晋国不至而返回，这是人情啊。君子为何将之视为耻辱，而托辞说是鲁公有疾病呢？（我回答）说：恶行无缘无故而来的话，那么君子就不以为耻，自己内省也不感到惭愧，心里又有什么忧愁呢？如此而已。《春秋》以此为耻的原因是：鲁昭公自取其辱。大臣欺凌君主这种事，在文公之时就开始有了，而甚于昭公时。昭公之时国家衰乱，他却毫无警惕恐惧之心，狂妄自大，轻易征讨，违反大礼，娶同姓女为妻，这是双重的自轻啊。人们说：「国家政治清明，则四邻前来祝贺；国家乱，则四邻分散。」因此当季孙氏专权的时候，连齐、晋这样的大国也没有人能来救正。昭公出走八年，至死才得以回归鲁国。自己

身亡，而使儿子也危殆，这是困穷到极点了。君子不耻辱困穷，耻的是困穷的原因。昭公虽逢国家衰乱之时，但假使不娶同姓，也不至于落到这般境地。即使娶同姓，但假若能用孔子来辅助自己，也不至于如此。时事艰难而政策粗率，做了错事而不去补救，这就是他所以困穷的缘故了。

【原文】

《春秋》分十二世以爲三等：有見，有聞，有傳聞。有見三世，有聞四世，有傳聞五世。故哀、定、昭，君子之所見也。襄、成、文、宣，君子之所聞也。僖、閔、莊、桓、隱，君子之所傳聞也。所見六十一年，所聞八十五年，所傳聞九十六年。於所見微其辭，於所聞痛其禍，於傳聞殺其恩，與情俱也。是故逐季氏而言又雩，微其辭也；子赤殺，弗忍書日，痛其禍也。子般殺而書乙未，殺其恩也。屈伸之志，詳略之文，皆應之。吾以其近近而遠遠，親親而疏疏也，亦知其貴貴而賤賤，重重而輕輕也。有知其厚厚而薄薄，善善而惡惡也，有知其陽陽而陰陰，白白而黑黑也。百物皆有合偶，偶之合之，仇之匹之，善矣。《詩》云：「威儀抑抑，德音秩秩。無怨無惡，率由仇匹。」此之謂也。然則《春秋》，義之大者也。得一端而博達之，觀其是非，可以得其正法。視其温辭，可以知其塞怨。是故於外，道而不顯，於内，諱而不隱。於尊亦然，於賢亦然。此其别内外、差賢不肖而等尊卑也。義不訕上，智不危身。故遠者以義諱，近者以智畏。畏與義兼，則世逾近而言逾謹矣。此定、哀之所以微其辭。以故用則天下平，不用則安其身，《春秋》之道也。

【译文】

《春秋》分鲁国十二世为三等：有见、有闻、有传闻。有见三世，有闻四世，有传闻五世。哀公、定公、昭公三世之事，是孔子所亲见的。襄公、成公、文公、宣公之世，是孔子所听闻的。僖公、闵公、庄公、桓公、隐公，这是孔子听到的传闻之世。所见之世为六十一年，所闻为八十五年，所传闻为九十六年。于所见之世言辞隐微，于所闻之世痛心其祸，于所传闻之世则降低它的恩德以及减少对它的情意。因此本来是追逐季氏，却说成是再一次求雨祭祀，这就是言辞隐微；子赤被杀，《春秋》不忍心书写具体的日期，是哀痛这一灾祸；子般被杀而把它的日期书写为乙未，这是降低其恩。心志的屈伸，文法的详略，都与此对应。我因为《春秋》以近者为近，远者为远，亲近亲人而疏离外人，就知道了它尊崇贵者而以贱者为贱，看重那些重要的而轻视那些不重要的。知道它厚待那些忠厚的而鄙视那些浅薄的，嘉奖善良者而反对邪恶者；以阳为阳，以阴为阴，以白为白，以黑为黑。世上百物都有合偶，那么使这些对立之物和合、统一，这就是善啊。《诗经》上说：「威严的仪表多么严整，有德的语言多么动听。没有人怨恨，没有人厌恶，人们各从其类。」说的就是这个道理啊。《春秋》的义理之大处也在于此。理解一处就可以晓明

全体，观察其中的是非，就可以得到真正的法。观察《春秋》的温蓄之辞，就可以知道其中内在的怨恨。对外事而言，述说而不显；对内事而言，避讳但不隐瞒。对于尊贵的人是这样，对于贤者也是这样。这就是《春秋》区别内外、分清贤愚、使尊卑有序的道理。坚持仁义但不毁谤君上，用智但不危及自身的安全。因此，对于那些遥远的事，就坚持以义理来隐讳；对于近世发生的事，则以智慧保持谨慎畏惧。坚持义理与谨慎畏惧兼顾，离现在越近的事，越在言辞上保持谨慎。这就是《春秋》记述定公、哀公之世时为什么要隐微其辞的缘故了。采用《春秋》之法治国，天下就会太平，不用它治国，也可以用它来保全自己，这就是《春秋》之道啊。

【原文】

《春秋》之道，奉天而法古。是故雖有巧手，弗脩規矩，不能正方員；雖有察耳，不吹六律，不能定五音；雖有知心，不覽先王，不能平天下。然則先王之遺道，亦天下之規矩六律已。故聖者法天，賢者法聖，此其大數也。得大數而治，失大數而亂，此治亂之分也。所聞天下無二道，故聖人異治同理也。古今通達，故先賢傳其法於後世也。《春秋》之於世事也，善復古，譏易常，欲其法先王也。然而介以一言曰：「王者必改制。」自僻者得此以爲辭，曰：古苟可循先王之道，何莫相因？世迷是聞，以疑正道而信邪言，甚可患也。答之曰：人有聞諸侯之君射《貍首》之樂者，於是自斷貍首，縣而射之，曰：安在於樂也！此聞其名而不知其實者也。今所謂新王必改制者，非改其道，非變其理，受命於天，易姓更王，非繼前王而王也。若一因前制，脩故業，而無有所改，是與繼前王而王者無以別。受命之君，天之所大顯也。事父者承意，事君者儀志。事天亦然。今天大顯己，物襲所代而率與同，則不顯不明，非天志。故必徙居處、更稱號、改正朔、易服色者，無他焉，不敢不順天志而明自顯也。若夫大綱、人倫、道理、政治、教化、習俗、文義盡如故，亦何改哉？故王者有改制之名，無易道之實。孔子曰：「無爲而治者，其舜乎！」言其主堯之道而已。此非不易之效與？問者曰：物改而天授顯矣，其必更作樂，何也？曰：樂異乎是。制爲應天改之，樂爲應人作之，彼之所受命者，必民之所同樂也。是故大改制於初，所以明天命也。更作樂於終，所以見天功也。緣天下之所新樂而爲之文曲，且以和政，且以興德。天下未徧合和，王者不虛作樂。樂者，盈於內而動發於外者也。應其治時，制禮作樂以成之。成者，本末質文皆以具矣。是故作樂者，必反天下之所始樂於己以爲本。舜時，民樂其昭堯之業也，故《韶》。韶者，昭也。禹之時，民樂其三聖相繼，故《夏》。夏者，大也。湯之時，民樂其救之於患害也，故《護》。護者，救也。文王之

時，民樂其興師征伐也，故《武》。武者，伐也。四者，天下同樂之，一也，其所同樂之端不可一也。作樂之法，必反本之所樂。所樂不同事，樂安得不世異？是故舜作《韶》而禹作《夏》，湯作《護》而文王作《武》。四樂殊名，則各順其民始樂於己也。吾見其效矣。《詩》云：「文王受命，有此武功。既伐於崇，作邑於豐。」樂之風也。又曰：「王赫斯怒，爰整其旅。」當是時，紂爲無道，諸侯大亂，民樂文王之怒而詠歌之也。周人德已洽天下，反本以爲樂，謂之《大武》，言民所始樂者武也云爾。故凡樂者，作之於終，而名之以始，重本之義也。由此觀之，正朔、服色之改，受命應天制禮作樂之異，人心之動也。二者離而復合，所爲一也。

【译文】

《春秋》之道，尊奉天而效法古人。谚语说：虽然有巧手，但没有规矩则不能正方圆；虽然有很好的听力，但不亲自去吹五律，就不能够定五音；虽然有智慧，但不考察先王事迹，就不能够治理天下。先王的遗训、事迹，就是天下的规矩和六律。圣人法效天，贤者法效圣人。这就是所谓的大的原则。遵从这个大原则，国家就会得到治理，失去这个大原则，国家就会陷入混乱。这就是治乱的界限啊。我听先师说过，天下没有两种不同的治国之道，圣人治理国家虽然有所不同，但道理是一样的。古今也是通达、一致的，因此先贤把他们的治国之法传之于后。



《春秋》对于世事的道理，嘉奖那些复古的，讥刺那些违反纲常的，这是为了效法先王。然而，《春秋》其间有一说「王者必改制」。那些生性怪异的人就以此为借口，说：假使古人也可以遵循先王之道的话，那么他们为什么不相承不变呢？世人被此种言论所迷惑，怀疑正道而迷信邪言，这真是令人担忧啊。（我）回答说：有人听说诸侯举行射礼的时候以《狸首》伴奏，于是就自己砍断狐狸的头，悬挂起来射箭，然后说：音乐在哪里呢？这就是只知其名而不知其实。《春秋》所谓新王必改制，不是说改变天道，也不是改变天理，受命于天，继承新王，这继承是从天，而不是从前面的国君那来的。如果一切都因循前制，遵守前代的基业，不做任何的改变，这跟那些继承前面王者君位的人没有区别。受命之君是天意的显现。侍奉父亲要承父亲之意，侍奉君主要承君之志，侍奉天的也应该这样。现在天意大显于你，你只是因袭前代，不做任何改变，那么天意就没有显明，这不是上天的意志。因此受命之君必须迁移居处，改正国号、历法，改变服装的颜色，这没有别的缘故，只是为了表示自己不敢不顺从天意而已。但是如天纲、人伦、道理、政治、教化、习俗、文义这些东西就要与前代一样，何尝改动了呢？王者有改制的名，但无改制的实。孔子说：「无为而治的是谁呢？是舜啊！」这是说他只是遵循唐尧之道而已，这难道不是不变的效果吗？问者说：已经遵从天命改制以显现天志之后，为什么还要制乐呢？（我回答）说：制乐跟改制（服制等）不一样。后者是应天而改，前者是应人而改。那受命之人，必是人民所同乐之人。因此最初大改制（服制等）是为了使天命昭明。最后制乐，这是为了

显现天之功。根据天下人之所乐而为之制曲，以配合和乐的政治，使道德得到美化。当天下尚未和乐之时，王者是不会徒劳地制乐的。音乐是充满于内心而发作于外的。音乐与政治相应，制礼作乐，只有当有始有终、并且内在与形式合一的时候才能成功。因此制乐者必然追溯天下人所乐之事，以此作为自己制乐的根本。舜的时候，人民乐于他昭明尧的事业，所以制作《韶》曲。韶，就是昭明的意思啊。大禹的时候，人民乐于当时连着三代圣人相继，因此作《夏》曲。夏，就是大的意思。汤的时候，人民感激汤拯救天下于患难之中，因此作《頀》曲。頀，就是救的意思。文王之时，人民赞扬其征讨暴君，因此作《武》曲。武，就是征伐的意思。这四首曲子的相同之处是天下同乐，这是一样的。但是所乐的事由并不一样。制乐的原则是必须推溯其所乐的是什么。所乐的事不一样，那么这乐曲哪里会一样呢？所以舜作《韶》而禹作《夏》，汤作《頀》而文王作《武》。四种乐曲名字不一样，是君王各自顺着人民对自己欢喜之意的缘故。《诗经》说：「文王受天命，拥有了这武功。他打败了崇国，而建城于丰。」这是音乐的风教啊。（《诗经》）又说：「我王震怒，兴起了他的大军。」那个时候，商纣无道，诸侯之间大乱，人民非常高兴文王之怒而作歌咏唱他。当周的德政遍及天下的时候，追溯其本，把这乐曲叫做《大武》，这是说人民所乐者为武。作乐这件事，在事情最后结束的时候作成，而在事情刚开始的时候就命名了，这就是重根本的意思。从这一点上看，历法、服色之改动，受命应天制礼作乐的不同，只是人心的感应不同而已。二者离而复合，说的是一个道理。



【原文】

## 玉杯第二

《春秋》譏文公以喪取。難者曰：「喪之法，不過三年。三年之喪，二十五月。今按經，文公乃四十一月方取。取時無喪，出其法也久矣。何以謂之喪取？」曰：春秋之論事，莫重於志。今取必納幣，納幣之月在喪分，故謂之喪取也。且文公以秋祫祭，以冬納幣，皆失於太蚤。《春秋》不譏其前，而顧譏其後，必以三年之喪，肌膚之情也。雖從俗而不能終，猶宜未平於心。今全無悼遠之志，反思念取事，是《春秋》之所甚疾也。故譏不出三年於首而已，譏以喪取也。不別先後，賤其無人心也。緣此以論禮，禮之所重者在其志。志敬而節具，則君子予之知禮；志和而音雅，則君子予之知樂；志哀而居約，則君子予之知喪。故曰：非虛加之，重志之謂也。志爲質，物爲文。文著於質，質不居文，文安施質？質文兩備，然後其禮成。文質偏行，不得有我爾之名。俱不能備，而偏行之，寧有質而無文。雖弗予能禮，尚少善之，介葛盧來是也；有文無質，非直不子，乃少惡之，謂州公寔來是也。然則《春秋》之序道也，先質而後文，右志而左物。故曰：「禮云禮云，玉帛云乎哉？」推而前之，亦宜曰：朝云朝

云，辭令云乎哉？「樂云樂云，鐘鼓云乎哉？」引而後之，亦宜曰：喪云喪云，衣服云乎哉？是故孔子立新王之道，明其貴志以反和，見其好誠以滅僞。其有繼周之弊，故若此也。

【译文】

《春秋》讥讽鲁文公在丧期举办婚事。有为之辩难者说：「丧期之法，不过三年。三年之丧，只是二十五个月。而按照《春秋》记载：鲁文公在其父僖公去世后第四十一个月才办理婚事，办理婚事时早已过了丧期，怎么能说他是以丧娶呢？」（我回答）说：《春秋》论事，重视人的心志。办理婚事必须有聘礼，而文公下聘礼的时间在丧期，所以称之为丧娶。而且文公秋季祫祭祖先诸神，冬天便下聘礼，都太早了。《春秋》不讥其前，反而讥其后，就在于所谓三年之丧的礼制，是合乎人情的。即使顺从了民众的风俗不完成三年之丧，内心也未必能得到安宁。今天人们全无追悼远祖的心理，只想着婚事，这是《春秋》所特别担心的。所以讥讽不出三年于首而已，讥讽其在丧期婚娶。不区别先后轻重，是鄙视其无人心。由此而论礼，礼之所重视的，在于其内心所想，内心存敬而细节完备，这样君子赞美其知礼；内心平和而琴声雅致，这样君子赞美其知乐；内心哀凄而居所简约，这样君子赞美其知丧。这就是重视内心而非虚名。内心为质，外物为文。外物着于内心，内心如果不主导外物，外物如何能装饰内心？内心外物双备，然后就达到了礼的要求；内心外物只偏重一个，（不可以成礼节）就连「你」「我」这样的称呼都无法成立；如果二者都不具备而偏行之，则宁有质而无文，即使不能行礼，但也稍稍地嘉奖他，如介国国君葛卢来朝；至于有文而无质者，则不但不认为他正直，还会厌恶他，如《春秋》讥刺州国国君的轻慢无礼。《春秋》以天道为序，先质而后文，重视志而轻视物，所以说：「礼啊礼啊，使用玉帛就是礼吗？」这句话推而论之，也可以说：「朝会啊朝会，仅仅辞令美妙就是朝会吗？」「乐啊乐啊，使用钟鼓就是乐吗？」把这句话进一步引申，也可以说：「丧礼啊丧礼，单单穿着丧服就是丧礼吗？」因此孔子立新王之道，阐明了重视内心而返于中和的道理，可见孔子喜好诚实而要消灭伪善的志向。有人继承了周人偏重文而轻视质的弊病，《春秋》大致就针对这种情况吧。

【原文】

《春秋》之法：以人隨君，以君隨天。曰：緣民臣之心，不可一日無君。一日不可無君，而猶三年稱子者，爲君心之未當立也。此非以人隨君耶？孝子之心，三年不當。三年不當而踰年即位者，與天數俱終始也。此非以君隨天邪？故屈民而伸君，屈君而伸天，《春秋》之大義也。

《春秋》論十二世之事，人道浹而王道備。法布二百四十二年之中，相爲左右，以成文采。其居參錯，非襲古也。是故論《春秋》者，合而通之，緣而求之，五其比，偶其類，覽其緒，屠其贅，是以人道浹而王法立。以爲不

然？今夫天子踰年即位，諸侯於封内三年稱子，皆不在經也，而操之與在經無以異。非無其辨也，有所見而經安受其贅也。故能以比貫類、以辨付贅者，大得之矣。

人受命於天，有善善惡惡之性，可養而不可改，可豫而不可去，若形體之可肥臞，而不可得革也。是故雖有至賢，能爲君親含容其惡，不能爲君親令無惡。《書》曰：「厥辟去厥祇。」事親亦然，皆忠孝之極也。非至賢安能如是？父不父則子不子，君不君則臣不臣耳。

文公不能服喪，不時奉祭，不以三年，又以喪取，取於大夫，以卑宗廟，亂其羣祖以逆先公。小善無一，而大惡四五，故諸侯弗予盟，命大夫弗爲使，是惡惡之徵、不臣之效也。出侮於外，入奪於內，無位之君也。孔子曰：「政逮於大夫四世矣。」蓋自文公以來之謂也。

君子知在位者不能以惡服人也，是故簡六藝以贍養之。《詩》《書》序其志，《禮》《樂》純其美，《易》《春秋》明其知。六學皆大，而各有所長。《詩》道志，故長於質；《禮》制節，故長於文；《樂》詠德，故長於風；《書》著功，故長於事；《易》本天地，故長於數；《春秋》正是非，故長於治人。能兼得其所長，而不能偏舉其詳也。故人主大節則知闇，大博則業厭。二者異失同貶，其傷必至，不可不察也。是故善爲師者，既美其道，有慎其行，齊時蚤晚，任多少，適疾徐，造而勿趨，稽而勿苦，省其所爲，而成其所湛，故力不勞而身大成，此之謂聖化，吾取之。

【译文】

《春秋》的大法即是：民众随从君主，君主随从天意。《春秋》说：考察民众大臣心中所想，不可一日无君。一日不可无君，就像三年丧期称子者，是君心还不能树立，这不正是以人随君？孝子之心，三年不至而不敢称君，而达到三年便要即位，这是与天的意志相统一的，这不正是以君随天？所以《春秋》的大宗旨就在于，屈民而伸君，屈君而伸天。

《春秋》论鲁国十二世国君之事，人道周到而王道完备，大法散布于二百四十二年之中，相互印证，以成文采，参错使用，并不完全因袭古法。所以研究《春秋》，当合而会通，缘察求证，以五行、阴阳比照归类，观其端绪，去其赘言，达到人道周到而王法得以确立。难道有人怀疑这一点吗？今天汉天子满丧期而即位，诸侯在封地内三年称子，均不见于《经》中，而与《经》无异，这并不是不能辨析的，是真有所见而不受《经》的囿限。能融会贯通，辨析赘言，是真正得到了《春秋》之法的要义。

人受命于天，有善善恶恶的本性，本性可以修养却不可以改变，恶可以预防却不能消除，这就好像人的身体可胖可瘦，却不得根本改变一样。因此，即使是至贤，也只是含容国君本性恶的

一面，却不能使国君彻底去除恶性。《尚书》说：「君主自己去掉那病痛。」侍奉父母亲也是一样，这已是至忠至孝。不是至贤之人能做得到吗？所谓父亲没有父亲的样子，那么孩子就没有孩子的样子；国君没有国君的样子，那么大臣就没有大臣的样子。

鲁文公不能以礼服丧，不能按时祭祀，丧期不满三年而又婚娶，娶大夫家之女而使宗庙蒙羞，错乱其祖先的牌位，违逆其先人，他没有做过一件小小的好事，反而做了许多错事。所以诸侯不和他结盟，国中大夫也不听其号令，这就是人民憎恨恶行的征验，也是他不守臣节的结果（指文王不为僖公守丧）。他在外受侮，在内被大夫夺位，只是一个没有实权的国君。孔子说：「政权落于大夫之手，四代了。」就是从鲁文公开始算起的。

君子知道在位的国君不能以其恶行使民众服从，所以选择了六种经典来涵养人心。《诗》和《书》使人心有序，《礼》和《乐》使人行为纯美，《易》和《春秋》使人发明智慧。这六种学问都十分重要，而各自又有所长。《诗》重视志，故长于内心；《礼》使人的行为有节制，故长于外在；《乐》歌咏圣德，故长于教化；《尚书》彰显功绩，故长于处事；《易》根本于天地大道，故长于数理变化；《春秋》正人心是非，故长于治人。学者能兼得六艺之所长，而不能全面地解释其具体内容。所以国君过分控制就会犯糊涂，什么都懂的话就会容易满足，此二者虽过错不同却同样受到贬斥，其伤害必至，所以不可不察。所以善于为师的人，既称美其道，又谨慎其行为，调剂早晚，使学者承受有度，适应快慢有节，有作为而不急促，有所存留而不涩滞，省察其所



作所为，而成就其和乐的心态。故身体不受劳累之苦而功业有大成，这就叫做圣化，我赞成这一点。

【原文】

《春秋》之好微與，其貴志也。《春秋》脩本末之義，達變故之應，通生死之志，遂人道之極者也。是故君殺賊討，則善而書其誅。若莫之討，則君不書葬，而賊不復見矣。不書葬，以爲無臣子也；賊不復見，以其宜滅絶也。今趙盾弑君，四年之後，別牘復見，非《春秋》之常辭也。古今之學者異而問之，曰：是弑君何以復見？猶曰：賊未討，何以書葬？何以書葬者，不宜書葬也而書葬。何以復見者，亦不宜復見也而復見。二者同貫，不得不相若也。盾之復見，直以赴問，而辨不親弑，非不當誅也。則亦不得不謂悼公之書葬，直以赴問而辨不成弑，非不當罪也。若是則《春秋》之説亂矣，豈可法哉！故貫比而論是非，雖難悉得，其義一也。今誅盾無傳，弗誅無傳，以比言之法論也。無比而處之，誣辭也。今視其比，皆不當死，何以誅之？《春秋》赴問數百，應問數千，同留經中。繙援比類，以發其端。卒無妄言而得應於傳者。今使外賊不可誅，故皆復見，而問曰：此復見何也？言莫妄於是，何以得應乎？故吾以其得應，知其問之不

妄，以其問之不妄，知盾之獄不可不察也。夫名爲弒父而實免罪者，已有之矣；亦有名爲弒君，而罪不誅者。逆而距之，不若徐而味之。且吾語盾有本，《詩》云：他人有心，予忖度之。此言物莫無鄰，察視其外，可以見其内也。今案盾事而觀其心，願而不刑，合而信之，非篡弒之鄰也。按盾辭號乎天，苟内不誠，安能如是？是故訓其終始無弒之志。挂惡謀者，過在不遂去，罪在不討賊而已。臣之宜爲君討賊也，猶子之宜爲父嘗藥也。子不嘗藥，故加之弒父；臣不討賊，故加之弒君。其義一也。所以示天下廢臣子之節，其惡之大若此也。故盾之不討賊，爲弒君也，與止之不嘗藥爲弒父無以異。盾不宜誅，以此參之。問者曰：夫謂之弒而有不誅，其論難知，非蒙之所能見也。故赦止之罪，以傳明之。盾不誅，無傳，何也？曰：世亂義廢，背上不臣，篡弒覆君者多，而有明大惡之誅，誰言其誅？故晉趙盾、楚公子比皆不誅之文，而弗爲傳，弗欲明之心也。問者曰：人弒其君，重卿在而弗能討者，非一國也。靈公弒，趙盾不在，不在之與在，惡有厚薄，《春秋》責在而不討賊者，弗繫臣子爾也；責不在而不討賊者，乃加弒焉，何其責厚惡之薄、薄惡之厚也？曰：《春秋》之道，視人所惑，爲立説以大明之。今趙盾賢而不遂於理，皆見其善，莫見其罪，故



因其所賢而加之大惡，繫之重責，使人湛思而自省悟以反道。曰：吁！君臣之大義，父子之道，乃至乎此，此所由惡薄而責之厚也。他國不討賊者，諸闒茸之民，何足數哉？弗繫人數而已。此所由惡厚而責薄也。《傳》曰：輕爲重，重爲輕，非是之謂乎？故公子比嫌可以立，趙盾嫌無臣責，許止嫌無子罪。《春秋》爲人不知惡而恬行不備也，是故重累責之，以矯枉世而直之，矯者不過其正，弗能直。知此而義畢矣。

【译文】

《春秋》喜欢讲微言大义，这是因为它重视人的心志。《春秋》主张探究事实的本末，明晓变故的征兆，通达生死的道理，成就了人道的极致。所以弑君讨贼，则称其为诛。如果不征讨之，则记为国君不被安葬，而《春秋》不再出现弑君者的名字。记为国君不被安葬，则意指国君无臣子为其复仇；不再出现弑君者的名字，则意指他们应当被讨伐与诛杀。赵盾于鲁宣公二年弑晋灵公，而《春秋·宣公六年》复见赵盾其名，这并非《春秋》通常的写法。古今的学者于此事有疑问说：这个弑君之人怎么又见于《春秋》？就像说：贼尚未征讨，怎么写安葬？明明不宜写安葬，为什么书中又写安葬呢？而弑君者明明不宜复见却又确实在书中复见了。此二者是一贯的，我不得不将这两件事相比。如果说赵盾在《春秋》中复见，只是因为有人那样问难，而书中对此加以辩驳，说他不是亲手弑君，这在书中表达的并不是不应该诛讨赵盾的意思。同

样地，《春秋》写许悼公安葬，也只是因为有人那样问难，而辩驳为许世子止没有弑君，书中表达的也不是世子止不应该承担其罪的意思。如果是这样的话，说明《春秋》的义理是错乱的，那岂可以成为后人效法的根本呢？（我回答说：）人们应该将《春秋》大义相互贯通而论事之是非，即使不能全部洞悉其中的道理，但其大义是一贯的。现在《春秋》有声讨赵盾的言辞，却没有不治其罪的言辞。根据同类的事例来讨论才是正当的，如果不以类比的事例来对待赵盾之事，那就是诬陷之辞。现在用类比的方法来看待，史上类似赵盾之事的好多例子，当事者都不当被《春秋》所诛讨，怎么可以唯独诛讨赵盾一个人呢？《春秋》起问数百，应问数千，同留在《经》中。用同类的事情来进行类比，以发明其端绪。始终没有妄言，而能够跟传文一一相应。假若是（外）贼为乱，杀害国君，大夫没有去诛讨，有人在《春秋》中复见该大夫之名，却问：为什么这（内）贼可以复见？那么没有比这话更加妄言的了，这两者（内、外不同）怎么可以相应呢？所以我因为《春秋》中有关赵盾之事的可以前后相应，就知道书中相关的问题不是妄言，因为不是妄言，所以对赵盾是否加以诛讨之辞的事就不可以不细察。名为弑父而实无罪者，《春秋》中早已经有了；当然也有那名为弑君而实际上罪不当诛者。与其排斥这个问题倒不如对其慢慢体味。并且，我对于赵盾的观点是有根据的，《诗经》中说：「他人有心，予忖度之。」这就是说物没有不相近的，察其外部可以见其内心。以赵盾之事而观其心，他一向谨慎而不伤害他人，为人正直可信，不是篡逆一类的人。根据事后赵盾对天呼号的记载可以推知，假使他内心不诚实，怎么可能那样呢？所以通过考察发现他始终无弑君之心，只是被人误解，其过错在于事情发生以后没有远走他国，其罪在于不代君讨贼而已。作为臣子就应该代君讨贼，就像作为子孙应该代父尝药一样。这个道理是相通的。所以《春秋》将那些没有臣子之节的行为布示天下，其恶之大就类似这样。赵盾不代君讨贼却被称为弑君的人，这与许止不代父尝药而称之为弑父没有什么区别。赵盾不应该被《春秋》诛讨，于此也可以得到参照。有人问：称之为弑而不诛讨，这个观点很难理解，不是我所能明白的。宽赦许止之罪，《传》说明了这其中的道理。而赵盾不得诛讨之论在《传》中却没有论及，这又是为什么呢？（我回答）说：世乱义废，做出不臣之事、篡逆弑君者太多了，而如果《春秋》又明确宣示弑君这种大恶不应该被《春秋》诛讨，那么又有谁该被诛讨呢？所以《春秋》中不把那些不应该诛讨晋之赵盾、楚公子的言辞写下来，只是不愿意把这一点表明罢了。又问：有人弑其君，重臣在场而不能诛讨，这样的事不仅仅发生在一个国家。晋灵公被弑，赵盾不在场，不在场与在场不一样，罪恶的程度是有轻重之分的。《春秋》一贯谴责那些在场而不讨贼的大夫，认为他们不是臣子；《春秋》用辞谴责在场而不讨贼者，才称之为弑，为什么它谴责那过错小的（不在场的赵盾）反而要超过谴责那过错大的（在场者）呢？（我回答）说：《春秋》的大道，是根据人们的困惑而立说使之明白。赵盾虽贤却不明于理，人们都容易发现他的好处而不易见到他的恶，所以《春秋》因其善而加以大恶，大加批判，使读者沉思，有所省悟而返于大道。人们就会感叹说：啊！君臣大义，父子之道，至此而已！

这就是虽然恶小却要重重指责的道理。所谓他国不讨贼，是说普通的民众，那怎么能数得清呢？不计其数而已。这就是虽然罪大却指责很轻的原因。古语说：罪行轻的要加重惩罚，罪行重的要减轻惩罚，不正是这个道理吗？所以《春秋》怀疑公子比不可以立为国君，怀疑赵盾有不臣的罪责，怀疑许止有不孝的过错。《春秋》是考虑到人不知恶而心无戒备，所以反复对之指责，以矫正乱世，使之正直，通常纠正错误时若不过分一点，就不能达到效果。如果明白了这一点，那么《春秋》的道理就贯通了。

# 卷三

## 玉英第四

【原文】

謂一元者，大始也。知元年志者，大人之所重，小人之所輕。是故治國之端在正名。名之正，興五世，五傳之外，美惡乃形，可謂得其真矣，非子路之所能見。

惟聖人能屬萬物於一，而繫之元也。終不及本所從來而承之，不能遂其功。是以《春秋》變一謂之元。元，猶原也。其義以隨天地終始也。故人唯有終始也，而生不必應四時之變。故元者爲萬物之本，而人之元在焉。安在乎？乃在乎天地之前。故人雖生天氣及奉天氣者，不得與天元本、天元命而共違其所爲也。故春正月者，承天地之所爲也。繼天之所爲而終之也。其道相與共功持業。安容言乃天地之元？天地之元奚爲於此惡施於人？大其貫承意之理矣。

是故《春秋》之道，以元之深正天之端，以天之端，正王之政，以王之政正諸侯之卽位，以諸侯之卽位正竟内之治。五者俱正，而化大行。

非其位而卽之，雖受之先君，《春秋》危之，宋繆公是也。非其位，不受之先君，而自卽之，《春秋》危之，吴王僚是也。雖然，苟能行善得衆，《春秋》弗危，衛侯晉以立書葬是也。俱不宜立，而宋繆受之先君而危，衛宣弗受先君而不危，以此見得衆心之爲大安也。故齊桓非直弗受之先君也，乃率弗宜爲君者而立，罪亦重矣。然而知恐懼，敬舉賢人，而以自覆蓋，知不背要盟以自湔浣也，遂爲賢君，而霸諸侯。使齊桓被惡而無此美，得免殺戮乃幸已，何霸之有！魯桓忘其憂而禍逮其身，齊桓憂其憂而立功名。推而散之。凡人有憂而不知憂者凶，有憂而深憂之者吉。《易》曰：「復自道，何其咎。」此之謂也。匹夫之反道以除咎尚難，人主之反道以除咎甚易。《詩》云：「德輶如毛。」言其易也。

【译文】

所谓一元，就是事物的开始。元年的道理，受到大人的重视，而小人却对此轻慢。所以治国的开始重在序正名号。名号序正，则可以五代兴盛，五代以后，好的和恶的才显现出来，这可以称之为得到了真谛。这个道理子路是不可以洞见的。

只有圣人才能将万物统一于一，而以元为其开始。无所继承则不能成就其功业，所以《春秋》将一改称元，元即是源头的意思。元的道理与天地的存在共始终。人是有始终的，而其出生不必感应春夏秋冬四季的变化。元是万物的根本，而人的元又在哪里呢？在天地之前。所以人虽然生于天元并禀承天元，但不能违背天元之本、天元之命的所为。所谓春三月，即指(王)承继天地的作为并使之完备。春三月的大道与功业相得益彰。怎么能称为天地之元？天地之元又如何作用于人事呢？其实只是依照它的道理并扩大实行范围而已。

所以《春秋》的大道，是以元的深奥来端正天的端绪，以天的端绪来端正人王的政治，以人王的政治来端正诸侯的(国君)位置，以诸侯的位置来端正国内的治理。这五者都得到了端正，则教化可以施行。

不应该即位的(诸侯)即位了，即使是继承于自己的父亲，《春秋》也要谴责，宋缪公就是一个例子；不是从自己的父亲那里继承国君之位，《春秋》也谴责他，吴王僚就是一个例子；虽然出于同样情况，但如果能执政以善而得民心，《春秋》就不会谴责他，卫宣公就是一个例子；两者都是不宜即位的情况，但是宋缪公受位于先人而受谴责，卫宣公不是受位于先人而并不受到谴责，由此可见，能得到民心者才能大安。齐桓公不是直接受位于先人，而是除去了不宜为国君的兄长，自立为公，他的罪也非常大。但是他知道恐惧，尊重贤人而谦卑为下，知道不能违背重要的盟约，所以终成有贤德的国君，而称霸于诸侯。假使齐桓公顶着杀兄的恶名而又无此美行，他能够逃过被人杀戮就算是万幸了，哪里谈得上称霸诸侯呢？鲁桓公忽略了他应该忧患的事而最终遭到杀身之祸。齐桓公时时忧患而终成其霸业。以此推之，凡是人有忧患而不知其为忧患的，就会有危险，而有忧患却能时时提醒自己的，就会化险为夷。《周易》说：「复自道，何其咎。」说的就是这个道理。普通人回归大道以除去忧患很难，而国君回归大道以除去忧患却很容易，《诗经》上说：「美德像羽毛一样轻。」说的就是这个道理。

【原文】

公觀魚於棠，何？惡也。凡人之性，莫不善義，然而不能義者，利敗之也。故君子終日言不及利，欲以勿言，愧之而已，愧之以塞其源也。夫處位動風化者，徒言利之名爾，猶惡之，況求利乎？故天王使人求賻求金，皆爲大惡而書。今非直使人也，親自求之，是爲甚惡。譏何故言觀魚？猶言觀社也，皆諱大惡之辭也。

《春秋》有經禮，有變禮。爲如安性平心者，經禮也；至有於性，雖不

[illegible]

安，於心，雖不平於道，無以易之，此變禮也。是故昏禮不稱主人，經禮也；辭窮無稱，稱主人，變禮也。天子三年然後稱王，經禮也；有故，則未三年而稱王，變禮也。婦人無出境之事，經禮也；母爲子娶婦，奔喪父母，變禮也。明乎經變之事，然後知輕重之分，可與適權矣。難者曰：《春秋》事同者辭同。此四者俱爲變禮，而或達於經，或不達於經，何也？曰：《春秋》理百物，辨品類，別嫌微，修本末者也。是故星墜謂之隕，螽墜謂之雨，其所發之處不同，或降於天，或發於地，其辭不可同也。今四者俱爲變禮也同，而其所發亦不同。或發於男，或發於女，其辭不可同也。是或達於常，或達於變也。

桓之志無王，故不書王；其志欲立，故書即位。書即位者，言其弑君兄也。不書王者，以言其背天子。是故隱不言立，桓不言王者，從其志以見其事也。從賢之志以達其義，從不肖之志以著其惡。由此觀之，《春秋》之所善，善也，所不善，亦不善也，不可不兩省也。

《經》曰：「宋督弑其君與夷。」《傳》言：「莊公馮殺之。」不可及於經，何也？曰：非不可及於經，其及之端眇，不足以類鉤之，故難知也。《傳》曰：「臧孫許與晉郤克同時而聘乎齊。」按經無有，豈不微哉！不書其往而有避也。今此《傳》言莊公馮，而於經不書，亦以有避也。是以不書聘乎齊，避所羞也。不書莊公馮殺，避所善也。是故讓者《春秋》之所善。宣公不與其子而與其弟，其弟亦不與子而反之兄子，雖不中法，皆有讓高，不可棄也。故君子爲之諱不居正之謂，避其後也亂。移之宋督以存善志。此亦《春秋》之義，善無遺也。若直書其篡，則宣繆之高滅，而善之無所見矣。難者曰：爲賢者諱，皆言之，爲宣繆諱，獨弗言，何也？曰：不成於賢也。其爲善不法，不可取，亦不可棄。棄之則棄善志也，取之則害王法。故不棄亦不載，以意見之而已。苟志於仁，無惡，此之謂也。

【译文】

公观鱼于棠是什么意思？是大恶。人的本性，没有不崇尚义的，然而最终不能为义行的原因，是出于利欲的干扰。所以君子说话不谈利益，这是通过不谈利益来表达自己羞愧于此，而羞愧之情就可以堵塞利欲的源头。处于教化民风地位的上层人士，平时只是口头讲讲利就应该以之为耻了，何况让他追求利呢！所以周王室派人向鲁国求取办理丧事的金钱，是作为大恶而被记载在书中。现在甚至不派使者而亲自求取，这是最大的恶事。为什么讥讽他观鱼呢？观鱼就好比观看祭社，都是避讳大恶的话。

《春秋》有长久不变的礼法，也有宜于变通的礼法。比如安性平心，就是长久不变的礼法；

而性虽不及安、心虽不及平，但无改于道（则无妨），这就是宜于变通的礼法。所以办理婚礼不能称主家名号，是长久不变的礼法；而必须要称时，称主人名号，则是宜于变通的礼法。天子居丧三年后才可以称王，这是长久不变的礼法；居丧期间发生重大变故而称王，这就是宜于变通的礼法。妇人不出其国，是长久不变的礼法；而母亲为子娶妻，女儿给父母奔丧，就是宜于变通的礼法。明白了经变的道理，就知道事情的轻重缓急，则可以权变。有人发难说：《春秋》中事同则使用同样的言辞，以上四者，都是宜于变通的礼法，有的合于经典，有的不合于经典，这是为什么呢？（我回答）说：《春秋》序理百物，分辨、区别名类，重在修本末。所以天上有星落下称之为陨，有蝗虫落下称之为雨，而其发源处有所不同，有的从天上落下，有的发源于地面，所以说法也就有所不同。上述四者同为宜于变通的礼法，而其所发源有所不同，有的发源于男，有的发源于女，所以说法也就有所不同。这就是有些符合长久不变而有些宜于变通的道理。

鲁桓公心中无天子，所以《春秋》中桓公三年不书王正月；他心中想做鲁国的国君，《春秋》便称为即位。所谓即位，就是指他是杀兄而得君位；此年不书王正月，是说他背逆天子。所以鲁隐公不能称为立为国君，桓公不能称之国君，这是根据他心中所想来看待他所做的事。顺着贤者的心志，能够体会到他的大义；顺着不肖者的心志，能够发现他做恶之处。由此看来，《春秋》称之为善的，就是善的；称之为不善的，就是不善的，不能不从两个方面来全面省察。



（有人问：）《春秋》说：「宋督杀了他的国君与夷。」《公羊传》说：「庄公冯杀了他（与夷）。」《公羊传》的说法与《春秋》的说法不一致，这是怎么回事？（我回答）说：这里并不是与《经》的内容有矛盾，只是其中的细节太微妙了，不能对它用类别辨析，所以一般人并不明白其中的道理。《公羊传》说：「臧孙许和晋郤克同时给齐国下聘礼。」而《经》中根本没有记载这件事，这难道不是微言吗？不写这件事是有所避讳。《公羊传》说是庄公冯杀与夷，而《经》中没有记载，这也是有所避讳。之所以不记载下聘礼给齐国，是避讳这是件羞辱的事。而不记载庄公冯杀了与夷，是避讳之前的善事（宣公、缪公的让位）。《春秋》所推崇的，是谦让。宣公的君位不传其子而传给他弟弟，他的弟弟也不将君位传给他的孩子反而传给其兄宣公的孩子，这些行为虽然不合乎礼法，但是都有谦让给贤能的意思，这一点是不能忘记的，所以君子为这件事隐瞒了实情，以回避后来发生的祸乱，将作乱之事安置在宋督身上，以此保存宣公等人的谦让之意。由此也可见《春秋》对义善之事没有遗漏。如果直接写为篡权，那么宣公和缪公的崇高志向就不为人知了，其中善的道理也就无所可见了。辩难的人说：为贤能的人避讳，经中都有出处；为什么为宣公、缪公避讳，经中没有出处呢？（我回答）说：因为他们与贤者不同。他们做善事却不合乎礼法，所以既不可采纳又不可抛弃。抛弃就会失去其谦让尚贤的善志，而采纳就会破坏王的大法。所以既不抛弃又不能记载在经文当中，要读者自己体会其意而能有所见。苟志于仁，无恶，就是这个意思。

【原文】

器從名、地從主人之謂制。權之端焉，不可不察也。夫權雖反經，亦必在可以然之域。不在可以然之域，故雖死亡，終弗爲也，公子目夷是也。故諸侯父子兄弟不宜立而立者，《春秋》視其國與宜立之君無以異也，此皆在可以然之域也。至於鄫取乎莒，以之爲同居，目曰莒人滅鄫，此在不可以然之域也。故諸侯在不可以然之域者，謂之大德，大德無踰閑者，謂正經。諸侯在可以然之域者，謂之小德，小德出入可也。權譎也，尚歸之以奉鉅經耳。故《春秋》之道，博而要，詳而反一也。公子目夷復其君，終不與國，祭仲已與，後改之，晉荀息死而不聽，衛曼姑拒而弗內，此四臣事異而同心，其義一也。目夷之弗與，重宗廟。祭仲與之，亦重宗廟。荀息死之，貴先君之命。曼姑拒之，亦貴先君之命也。事雖相反，所爲同，俱爲重宗廟、貴先帝之命耳。難者曰：公子目夷、祭仲之所爲者，皆存之事君，善之可矣。荀息、曼姑非有此事也，而所欲恃者皆不宜立者，何以得載乎義？曰：《春秋》之法，君立不宜立，不書，大夫立則書。書之者，弗予大夫之得立不宜立者也。不書，予君之得立之也。君之立不宜立者，非也。既立之，大夫奉之是也，荀息、曼姑之所得爲義也。



難紀季曰：《春秋》之法，大夫不得用地。又曰：公子無去國之義。又曰：君子不避外難。紀季犯此三者，何以爲賢？賢臣故盜地以下敵，棄君以避難乎？曰：賢者不爲是。是故託賢於紀季，以見季之弗爲也。紀季弗爲而紀侯使之可知矣。《春秋》之書事時，詭其實以有避也。其書人時，易其名以有諱也。故詭晉文得志之實，以代諱避致王也。詭莒子號謂之人，避隱公也。易慶父之名謂之仲孫，變盛謂之成，諱大惡也。然則說《春秋》者，入則詭辭，隨其委曲而後得之。今紀季受命乎君而經書專，無善一名而文見賢，此皆詭辭，不可不察。《春秋》之於所賢也，固順其志而一其辭，章其義而褒其美。今紀侯《春秋》之所貴也，是以聽其入齊之志，而詭其服罪之辭也，移之紀季。故告糴於齊者，實莊公爲之，而《春秋》詭其辭，以予臧孫辰；以酅入於齊者，實紀侯爲之，而《春秋》詭其辭，以與紀季。所以詭之不同，其實一也。難者曰：有國家者，人欲立之，固盡不聽，國滅君死之，正也，何賢乎紀侯？曰：齊將復讎，紀侯自知力不加而志距之，故謂其弟曰：「我宗廟之主，不可以不死也。汝以酅往，服罪於齊，請以立五廟，使我先君歲時有所依歸。」率一國之衆，以衛九世之主。襄公逐之不去，求之弗予，上下同心而俱死之。故謂之大去。《春秋》賢死

義，且得衆心也，故爲諱滅。以爲之諱，見其賢之也。以其賢之也，見其中仁義也。

【译文】

器物以其名为归属、土地以其主人为归属就是所谓制度。对于权变的开端，人们不可以不详加体察。权变之法虽然违反常道，但也必须在可以接受的范围之内。如果不在可以接受的范围内，那么（君子）即使为之牺牲或逃亡也在所不惜，宋国公子目夷就是一个例子。所以各诸侯国的父子兄弟，有不宜于立为国君的被立为国君，《春秋》看待这个国家，与那宜于立为国君者没有什么差别，这都在可以接受的范围之内；至于鄫国占领莒国，并将这一行为视之为继承，而《春秋》就称之为莒国占领鄫国，这不在《春秋》可以接受的范围之内。所以诸侯的行为在不可以随意的领域，称为大德（根本的原则），根本的原则是不可逾越的，称之为正经。诸侯所为在可以随意的领域内，称为小德（小的原则），小德所为便可以权变。所谓权变，最终还是要归奉于正经。所以《春秋》的大道，广博而有要点，详尽而返归于一。宋国公子目夷将国位归还给国君，而最终也没有继承君位；祭仲将国让出，然后又重新夺回；晋国大夫荀息至死不听命，卫国大夫曼姑按照卫灵公的遗命辅佐辄而拒绝接受蒯聩。这四位大臣虽然行为不同但忠君之心无异，所以均归于义。目夷不降，是重视宗庙。祭仲让国，也是重视宗庙。荀息因尊重先王之命而死，曼姑也是尊重先王之命而拒绝蒯聩回国。事情虽然相反，但所做却相同，都是重视宗庙、尊重先王之命。辩难的人说：公子目夷和祭仲所为，都是为了国君，可以称善。荀息、曼姑并非真做过这些事，而且他们所辅佐的国君都是不宜于做国君的，怎么能以义来记载他们的行为呢？（我回答）说：《春秋》的大法，君主立了不适合的储君做了下一任国君，就不记载，大夫立国君则要记载。之所以记载，是表示不赞成大夫立不合适的国君。不记载，是表示赞成国君有立储的权力。君主立了不合适的储君为国君，这是不对的。但既已立为国君，大夫辅佐就是应当的，所以荀息、曼姑的行为可以称为义。

有人责难纪季说：《春秋》的大法，大夫不能擅自处置土地。又说：公子不能离国而去。又说：有道德的人不逃避外来的侵略。纪季犯有此三罪，怎么能称之为贤？贤臣就是偷取国土献给敌人，离弃国君而逃避外来的侵略吗？（我回答）说：贤能的人不会这样做的。之所以假托称赞纪季，是要显出纪季的无所作为；由纪季的无所作为，我们就可以了解这是纪侯授意他这么做的。《春秋》记载历史事件，有时会改变历史真相，是有所避讳；记载人物，有时会更改他的名字，也是有所避讳。所以改变晋文公得志之实情，以避讳他对天子的不敬。不称呼莒子而称之为莒人，是避讳鲁隐公。变更庆父的名字而称之为仲孙，改变盛国的国名而称为成国，是避讳其大恶。然则论说《春秋》的人，是通过诡辞随其委曲而得到真相的。纪季受命于国君而经书中记载为专，没有善名，可是《春秋》却以文辞见其贤德，这些都是诡辞，不可以不详察。《春秋》所要赞美的贤能之人，是依据他的心志而使用同一的文辞，表彰他的义行而褒奖其

美德。纪侯是《春秋》所要赞美的，所以审察其所以顺从齐国的心志，将去国之罪移置于纪季。同样的，向齐国借粮，实际上是鲁庄公所为，但《春秋》改变言辞，将借粮之事移置于臧孙辰。将酅国划割给齐国，实际是纪侯做的，而《春秋》改变事实，将此事移置在纪季身上。虽然所改变的事不同，其实质是一样的。责难的人说：有国家者，人欲立之，即使不听，国家灭而国君殉国，是应该的，纪侯怎么能称贤呢？（我回答）说：齐国想复仇，纪侯知道自力不足但又心中拒斥，所以对他弟弟（纪季）说：「我是宗庙之主，国家有难我不应该苟活。你把酅邑献给齐国，接受齐国的统治，请立宗庙，使我国先王年逢祭祀之时有人祭祀。」之后纪侯就带领一国的民众，来保卫先祖的灵位。襄公驱逐他们而不离去，要求他们交出来土地，他们不屈服，最后上下同心而俱死。因此《春秋》避讳地称之为大去（灭国）。《春秋》称赞其临死的大义，并且因为纪侯得到了民心，所以避讳言其灭国。以这种避讳而使后人知道他的贤德。以其贤德，可以看到其中的仁义。

# 卷五

## 滅國上第七

【原文】

王者，民之所往。君者，不失其羣者也。故能使萬民往之，而得天下之羣者，無敵於天下。弒君三十六，亡國五十二。小國德薄，不朝聘大國，不與諸侯會聚，孤特不相守，獨居不同羣，遭難莫之救，所以亡也。非獨公侯大人如此，生天地之間，根本微者，不可遭大風疾雨，立鑠消耗。衛侯朔固事齊襄，而天下患之，虞虢并力，晉獻難之。晉趙盾，一夫之士也，無尺寸之土，一介之衆也。而靈公據霸主之餘尊，而欲誅之，窮變極詐，詐盡力竭，禍大及身。推盾之心，載小國之位，孰能亡之哉？故伍子胥，一夫之士也，去楚干闔廬，遂得意於吴。所託者誠是，何可禦邪？楚王髡託其國於子玉得臣，而天下畏之。虞公託其國於宫之奇，晉獻患之。及髡殺得臣，天下輕之，虞公不用宫之奇，晉獻亡之。存亡之端，不可不知也。諸侯見加以兵，逃遁奔走，至於滅亡，而莫之救，平生之素行可見也。隱代桓立，所謂僅存耳，使無駭帥師滅極，内無諫臣，外無諸侯之救；載亦由是也，宋、蔡、衛國伐之，鄭因其力而取之。此無以異於遺重寶於道而莫之守，見者掇之也。鄧、穀失地而朝魯桓，鄧、穀失地，不亦宜乎？

【译文】

王的意思是人民所归往。君的意思是不失去其群众。因此那些能使万民归往，而得到天下的群众的人，就会无敌于天下。整个春秋时期，臣弒君主三十六人，国家灭亡五十二个。那些小国浅薄，不知道参加朝聘，而大国之间也不会聚，国君孤立无援，上下失守，遭到祸患没人去救

助，这就是他们所以灭亡的缘故啊。不仅仅公侯大人是这样的，生于天地之间的万物都是如此。根本都是脆弱的，遭到大风疾雨的摧残，很快就会消亡。卫惠公侍奉齐襄公，天下人都惧怕他。虞国与虢国曾经团结合力，就使晋献公无法对他们下手。晋国的赵盾，只是一个普通的士而已，连尺寸之封地都没有，就自己一个人。晋灵公贵为诸侯霸主，却极力地要除掉此人，穷尽诡计、精疲力竭，最后的结果是咎由自取。若灵公能真诚对待赵盾，即使晋国是一个小国，又有谁能灭亡晋国呢？伍子胥，也是一个普通人，离开楚国去投奔吴王阖闾，在吴国受到了重用。吴王如此将国家托付子胥，谁又能抵挡吴国之强大呢？楚成王托付楚国于子玉的时候，天下人都惧怕楚国。虞公托付虞国于宫之奇的时候，晋献公惧怕虞国。但到后来成王使子玉自杀，天下诸侯就开始轻视楚国了。虞公不用宫之奇的时候，献公就把虞国给攻灭了。这就是存亡之端啊，不可不知。这些亡国之君，诸侯以兵相加的时候，他们到处逃命，而没有人愿意救他们。这可见是他们平时的行为不端造成的。鲁隐公代替桓公执政，他仅仅是暂时做国君而已，但是鲁国就敢派无骇率军攻灭极国。这是因为极国内无人进谏，外无诸侯相救。载国也是这样，宋国、蔡国、卫国一起攻打载国，其后又被郑国乘机灭亡。这些国君对待自己的国家就像在大路上扔下贵重的财宝，而没有派人看守它，那么谁见了都会去捡拾。还有像邓国与谷国，失去土地以后还要去朝拜桓公，那么他们失地不是应得的吗？



【原文】

## 滅國下第八

紀侯之所以滅者，乃九世之讐也。一旦之言，危百世之嗣，故曰大去。衛人侵成，鄭人成，及齊師圍成，三被大兵，終滅，莫之救，所恃者安在？齊桓公欲行霸道，譚遂違命，故滅而奔莒。不事大而事小，曹伯之所以戰死於位。諸侯莫助憂者。幽之會，齊桓數合諸侯，曹小，未嘗來也。魯大國，幽之會，莊公不往。戎人乃窺兵於濟西，由見魯孤獨而莫之救也。此時大夫廢君命，專救危者。魯莊公二十七年，齊桓爲幽之會，衛人不來。其明年，桓公怒而大敗之。及伐山戎，張旗陳獲以驕諸侯。於是魯一年三築臺，亂臣比三起於內，夷狄之兵仍滅於外。衛滅之端，以失幽之會。亂之本，存親內蔽。邢未嘗會齊桓也，附晉又微，晉侯獲於韓而背之，淮之會是也。齊桓卒，豎刁、易牙之亂作。邢與狄伐其同姓，取之。其行如此，雖爾親，庸能親爾乎？是君也，其滅於同姓，衛侯燬滅邢是也。齊桓爲幽之會，衛不至，桓怒而伐之。狄滅之，桓憂而立之。魯莊爲柯之盟，劫汶陽，魯絕，桓立之。邢杞未嘗朝聘，齊桓見其滅，率諸侯而立之，用心如此，豈不霸哉？故以憂天下與之。

【译文】

纪侯之所以被齐国所灭，是齐襄公欲报其九世祖（被纪侯先祖陷害）之仇。（纪侯先祖）一时说的话，却危害到了子孙后代，因此《春秋》把这件事说成是大去。卫国侵略郯国，郑国攻入郯国，齐国的军队也包围过郯国，郯三次遭受战乱，最终被灭亡了，没有人来相救，郯国能凭恃什么呢？齐桓公欲行霸道，谭国就抗命不从，被灭国后国君逃亡莒国。曹国国君与戎人交战而死，诸侯不去救援他，这是曹国不事大国而事小国的原因啊。当时齐桓公要联合诸侯在幽地开会，曹国小，国君不来。鲁国是个大国，当时也不参加，戎人敢于派兵到鲁国的济西一带窥探，因为他们发现鲁国陷入孤立，诸侯不会救它。这个时刻，各国的大夫不听君命，在危机关头拯救了鲁国。鲁庄公二十七年，齐桓公在幽地举行诸侯大会，卫国不来，齐桓公大怒，第二年大败卫国。其后桓公讨伐山戎，举行盛大的祝捷仪式在诸侯面前炫耀武力。这一年鲁国三次高筑城台，乱臣贼子接二连三地出现，外有夷狄侵略，但仍然被齐国帮助将其（夷狄）消灭。卫国被灭的原因，是不参加幽地之会，鲁国发生内乱的原因是内部家臣的争斗。邢国没有参加过齐国主持的盟会，它依附于晋国，国势衰微。晋侯与秦国交战，被秦国俘获，因此晋国与邢国也没参加在淮地的盟会。齐桓公死后，竖刁、易牙作乱，邢国伙同狄人攻伐同姓之卫国，攻下了卫国。邢国的行为如此不堪，虽然是亲戚之国，又能真的亲近吗？因此邢国最后被卫国毁灭了。齐桓公举行幽地的盟会，卫国不来参加，桓公发怒而攻打卫国。狄人乘机灭卫，但是桓公担忧卫人的命运，又帮助卫国复国了。鲁庄公在柯地与齐国结盟时，手下人劫持桓公，逼齐国归还汶阳，但是在庄公死后，齐国还帮助鲁君即位。邢国、杞国没有参加齐国主持的朝会，齐桓公看到他们灭亡以后，仍旧率领诸侯帮助他们复国。齐桓公如此用心，能不称霸于天下吗？因此忧心天下的君主就会使人心归往。



【原文】

## 隨本消息第九

顔淵死，子曰：「天喪予。」子路死，子曰：「天祝予。」西狩獲麟，曰：「吾道窮，吾道窮。」三年，身隨而卒。階此而觀，天命成敗，聖人知之，有所不能救，命矣夫。

先晉獻之卒，齊桓爲葵丘之會，再致其集。先齊孝未卒一年，魯僖乞師取穀。晉文之威，天子再致。先卒一年，魯僖公之心，分而事齊，文公不事晉。先齊侯潘卒一年，文公如晉，衛侯、鄭伯皆不期來。齊侯已卒，諸侯果會晉大夫於新城。魯昭公以事楚之故，晉人不入。楚國强而得意，一年再會諸侯，伐彊吴，爲齊誅亂臣，遂滅厲。魯得其威以滅鄫。其明年如晉，無河上之難。先晉昭之卒一年，無難。楚國内亂，臣弑君。諸侯會於平丘，謀誅楚亂臣，昭公不得與盟，大夫見執。吴大敗楚之黨六國於雞父。

公如晉而大辱，《春秋》爲之諱而言有疾。由此觀之，所行從不足恃，所事者不可不慎。此亦存亡榮辱之要也。先楚莊王卒之三年，晉滅赤狄潞氏及甲氏留吁。先楚子審卒之三年，鄭服蕭魚。晉侯周卒一年，先楚子昭卒之二年，與陳蔡伐鄭而大克。其明年，楚屈建會諸侯而張中國。卒之三年，諸夏之君朝於楚。楚子卷繼之，四年而卒。其國不爲侵奪，而顧隆盛强大，中國不出年餘，何也？楚子昭蓋諸侯可者也，天下之疾其君者，皆赴愬而乘之。兵四五出，常以衆擊少，以專擊散，義之盡也。先卒四五年，中國内乖，齊、晉、魯、衛之兵分守，大國襲小。諸夏再會陳儀，齊不肯往。吴在其南，而二君殺，中國在其北，而齊、衛殺其君，慶封劫君亂國，石惡之徒聚而成羣，衛衎據陳儀而爲諼，林父據戚而以畔，宋公殺其世子，魯大饑。中國之行，亡國之迹也。譬如於文、宣之際，中國之君，五年之中五君殺。以晉靈之行，使一大夫立於斐林，拱揖指撝，諸侯莫敢不出，此猶隰之有泮也。

【译文】

颜回去世的时候，孔子悲伤地说：「上天这是要亡我呀。」子路去世的时候，孔子说：「上天这是要断绝我呀。」听说鲁哀公西部打猎时捕获到麒麟，孔子说：「我的道穷尽了。」过了三年，孔子就去世了。由此看来，天命与成败，圣人是知道的，有时不是人力可为的。

在晋献公去世之前，齐桓公举行了葵丘的盟会，这是他第二次召集诸侯盟会。在齐孝公去世前的第二年，鲁僖公借助楚国的救兵收取会谷地。晋文公的威望使得周天子两次前来晋国。在晋文公去世的前一年，鲁僖公在侍奉晋国的同时也侍奉齐国，但到文公的时候就不再侍奉晋国了。在齐侯潘去世的前一年，鲁文公到了晋国，卫侯、郑伯也不约而同地到了。齐侯去世之后，各国果然在新城与晋大夫会盟。鲁昭公因为亲近楚国，被晋国排斥在盟会之外。楚国强大且自以为了不起，在一年之中两次召集诸侯盟会，攻打强大的吴国，替齐国诛灭发动内乱的臣子庆封，并灭掉了厉国。鲁国也借着楚国的余威灭掉了鄫国。第二年，鲁昭公拜访晋国，没有发生上一次在黄河边被羞辱那样的难堪事件。在晋昭公去世前一年，鲁国也没有发生什么灾难。但楚国国内发生了臣弑君的动乱，于是诸侯在平丘会盟，商议讨伐楚国叛乱的事情，昭公没能参加会盟，大夫季孙隐如被晋国拘捕。吴国在鸡父一战中，大败楚国的六个同盟国。鲁昭公到晋国去，受到很大的羞辱，《春秋》替他避讳此事，说他是有病才回国。由此看来，凡事依赖所侍奉的人是不可取的，国君对此不可不谨慎。这也是关乎国家生死存亡的。在楚庄王去世前的第三年，晋国灭掉了赤狄的分支潞氏、甲氏和留吁。在楚王审去世前三年，郑国在萧鱼臣服于鲁。在晋侯周去世一年后，楚王昭去世前两年，鲁国联合陈国、蔡国攻打郑国取得胜利。第二年，楚国大夫屈建与诸侯盟会，楚国在中原扩展了它的势力。楚王昭去世后三年，中原各国国君到楚国

拜访，楚王卷继承了君位，四年后去世。他的国家不受别国侵犯掠夺，称霸于中原，只用了不到一年的时间，这是为什么？楚王昭是各诸侯所认可的，天下痛恨自己国君的贵族，都跑来向他哭诉，昭王便借这一形势，四五次出兵，常常以众欺少，以预谋欺无备，完全没有正义可言了。在昭王去世之前四五年，中原各国矛盾重重，齐国、晋国、鲁国、卫国的军队，各自分兵防守，大国欺负小国的情况频繁。中原各国在陈仪会盟，齐国不肯参加。吴国在中原的南方，它的两位国君先后被杀，中原在吴国的北方，齐国、卫国先后杀死各自的国君，齐国大夫庆封胁持国君发动叛乱，卫国的石恶结党叛乱，卫衎在陈仪欺君叛乱，晋大夫林父依托戚地发动叛乱，宋公杀死自己的长子，鲁国发生饥荒。中原各国的行为，都是亡国之象。如在鲁文公、宣公年间，中原各国的君主，五年当中就有五名被杀。以晋灵公的情况为例，一名大夫在棐林召集诸侯盟会，各诸侯竟然听从他的指挥，没有人敢不听命，这如同湿地也总是有边岸的一样。

【原文】

## 正貫第十一

《春秋》，大義之所本耶！六者之科，六者之指之謂也。然後援天端，布流物，而貫通其理，則事變散其辭矣。故志得失之所從生，而後差貴賤之所始矣。論罪源深淺，定法誅，然後絶屬之分别矣。立義定尊卑之序，而後君臣之職明矣；載天下之賢方，表謙義之所在，則見復正焉耳。幽隱不相踰，而近之則密矣。而後萬變之應無窮者，故可施其用於人，而不悖其倫矣。是以必明其統於施之宜，故知其氣矣，然後能食其志也；知其聲矣，而後能扶其精也；知其行矣，而後能遂其形也；知其物矣，然後能别其情也。故倡而民和之，動而民隨之，是知引其天性所好，而壓其情之所憎者也。如是則言雖約，説必布矣；事雖小，功必大矣。聲響盛化運於物，散入於理，德在天地，神明休集，並行而不竭，盈於四海而訟詠。《書》曰：「八音克諧，無相奪倫，神人以和。」乃是謂也。故明於情性，乃可與論爲政，不然，雖勞無功。夙夜是寤，思慮惓心，猶不能睹，故天下有非者。三示當中孔子之所謂非，尚安知通哉！

【译文】

《春秋》是治理天下所依据的根本啊！六种评价贤能的标准，讲的是六种不同的意旨。然后援引一年的春季为起始，遍及万物，将自然万物的道理贯通，就用一定的言辞记录事物的变化。所以记载得失产生的根源，然后区分出贵贱出现的开端。研究罪恶根源的深浅，确定惩罚的轻重，然后采取相应的断绝或继续的措施。树立大义来确定尊卑的秩序，然后君臣的职分就分清楚了。记录天下好的方法，表达谦让美德所在之处，就可表明恢复正道之意。幽隐和显明不能用来互相说明，但用来作为近譬，还是能够说明它们之间的密切联系的。此后以千变万化

的事物应对无穷的变化，可以施用于各类人物，而不会违背常理。因此必须明晰他的治道在施行中是否适宜，熟悉他们的气质，才能锻炼他们的意志；知道他们的声音，才能扶助他们的精神；明晓他们的行为，才能顺遂他们的形质；了解他们的事情，此后才能识别他们的情感。因此有倡导，百姓才能附和；有行动，百姓才能随从，这样就知道引导人们本性所喜好的，压制人们情感所憎恶的。这样的话，虽然言辞简单，但德行一定到处传播；虽然事情小，但功业一定很大。声音很大，影响万物，道理分散在万物之中，德行散布在天上、地下，神明美好地聚集，实行于万物而不竭尽，充盈天下而不断地被赞美。《尚书》说：「各种乐器的声音能够调和，不使它们乱了次序，那么神和人都会因此而和谐了。」说的就是这个道理。所以懂得事物的本性，就可以和他探讨管理政事的道理，否则即使困顿劳苦也不会有好结果。从白天到夜晚都清醒，费尽心思去思考，还不能认清事物的本性，所以世人要非议他。孔子所否定的处在多次警示当中，还从何处知道道理呢？

## 十指第十二

【原文】

《春秋》二百四十二年之文，天下之大，事變之博，無不有也。雖然，大略之要有十指。十指者，事之所繫也，王化之所由得流也。舉事變見有重焉，一指也。見事變之所至者，一指也。因其所以至者而治之，一指也。彊幹弱枝，大本小末，一指也。别嫌疑，異同類，一指也。論賢才之義，别所長之能，一指也。親近來遠，同民所欲，一指也。承周文而反之質，一指也。木生火，火爲夏，天之端，一指也。切刺譏之所罰，考變異之所加，天之端，一指也。舉事變見有重焉，則百姓安矣。見事變之所至者，則得失審矣。因其所以至而治之，則事之本正矣。彊幹弱枝，大本小末，則君臣之分明矣。别嫌疑，異同類，則是非著矣。論賢才之義，别所長之能，則百官序矣。承周文而反之質，則化所務立矣。親近來遠，同民所欲，則仁恩達矣。木生火，火爲夏，則陰陽四時之理相受而次矣。切刺譏之所罰，考變異之所加，則天所欲爲行矣。統此而舉之，仁往而義來，德澤廣大，衍溢於四海，陰陽和調，萬物靡不得其理矣。説《春秋》者凡用是矣，此其法也。

【译文】

《春秋》记载二百四十二年的历史，天下的广大，历史事件和变故的广博，没有不记载的。虽然如此，大体上有十种意旨。十种意旨，是和事物联系在一起的，君王教化要依此而展开。列举历史事件和变故，在表现上有所侧重，这是一种意旨。发现历史事件和变故所导致的结果，这是一种意旨。因循事物所致之理而处置它，这是一种意旨。使主干强大、枝叶弱小，使根本强

大、末梢弱小，这是一种意旨。区别因事理相似而产生的疑虑，辨别同类事物的差异，这是一种意旨。讨论贤才产生的道理，区别人们所擅长的才能，这是一种意旨。使邻近的人们亲密和睦，使远方的人们前来依附，与百姓一同欢乐，这是一种意旨。继承周朝重文的礼乐制度，同时返回到原来的质朴，这是一种意旨。火由木而生，火是夏季，木是一年的开端，这是一种意旨。审查讥刺的惩罚，考察异常现象的增加，是自然的一个开端，这是一种意旨。列举历史事件和变故，在表现上有所侧重，百姓就会安定。发现历史事件和变故所达到的结果，就会审慎地对待得失。根据事物的所以然而采取相应的对策，事物的根本就会得到端正。使主干强大、枝叶弱小，使根本强大、末梢弱小，君臣的职分就能够划清楚了。区别因事理相似而产生的疑虑，辨别同类事理的不同，是非的区别就能够明显了。研究贤能之人的做事原则，辨别他们所擅长的才能，各种官吏的秩序就有顺序了。继承周王朝重文的礼乐制度，同时返回到原来的质朴，教化所要达到的就能确立了。使邻近的人们亲密和睦，使远方的人们前来依附，和百姓同欢乐，仁德、恩惠就会到来。火由木而生，火是夏季，阴阳四季就有了次序。审查人们讥刺所惩罚的对象，考察自然灾异现象发生的原因，那么上天想要做的事情就会施行。由此类推，正义得到确立，恩德的广泛润泽，在四海发扬光大，阴阳协调，世间万物没有不顺遂其自然之理的。讲论《春秋》的人都用这样的方法，这就是《春秋》的法则。





# 卷六

## 服制像第十四

【原文】

天地之生萬物也以養人，故其可適者以養身體；其可威者以爲容服，禮之所爲興也。劍之在左，青龍之象也；刀之在右，白虎之象也；韍之在前，赤鳥之象也；冠之在首，玄武之象也。四者，人之盛飾也。夫能通古今，别然不然，乃能服此也。蓋玄武者，貌之最嚴有威者也，其像在後，其服反居首，武之至而不用矣。聖人之所以超然，雖欲從之，末由也已！夫執介胄而後能拒敵者，故非聖人之所貴也。君子顯之於服，而勇武者消其志於貌也矣。故文德爲貴，而威武爲下，此天下之所以永全也。於《春秋》何以言之？孔父義形於色，而姦臣不敢容邪；虞有宫之奇，而獻公爲之不寐；晉厲之强，中國以寢尸流血不已。故武王克殷，裨冕而搢笏，虎賁之士説劍，安在勇猛必任武殺然後威。是以君子所服爲上矣，故望之儼然者，亦已至矣，豈可不察乎！

【译文】

天地生有万物是用来养育人类的，因此（人们）把那些可以入口的食物拿来滋养身体；把

那些富于威仪的物类拿来作为人的服饰。这就是礼制兴起的缘由。将剑佩带在人身体的左边，这是表示天上青龙的星象；将刀佩带在右边，这是表示天上的白虎；蔽膝穿在前面，是代表朱雀的星象；而头上着冠则代表了玄武星宿。前面所说的这四种装饰（剑、刀、韨、冠）就是人的盛装了。而人类之中，只有那些通晓古今之变、明辨是非者才有资格穿戴它们。玄武是四象之中最有威仪的了，排在四象之末，但它的代表服饰——冠，却居于服饰之首，这种排列是为了表示一种武德——虽具有最强大的武力但持而不用。圣人之德超出凡俗之人很远，人们虽然心向往之，但很难达到那样的境界啊！凡俗之人，只有披甲戴胄才可以威慑敌人，而这些甲胄兵器之类根本不是圣人所倚重的。在君子那里，不可侮之气充分显示在他的衣着上。那些徒有气血之勇的匹夫只要一看到君子所穿戴的服饰，就会立即丧失了勇气。因此，文德才是最为尊贵的，至于威武之德则次之，（人们崇尚文德）这就是天下所以能够长久太平的缘故。（我所说的这些道理）在《春秋》中是怎样提到的呢？《春秋》说，孔父这个人正义之气显于脸色，奸臣见到他就不敢造次；虞国有宫之奇那样正直持重的贤臣辅佐朝政，邻国的晋献公就为之睡不安稳；晋厉公强狠不仁，毫无威仪，晋国就为此国中大乱，流血不已。正因为懂得这个道理（文饰可以代表文德），周武王在灭掉殷商之时，特意（脱去戎服）穿上裨衣礼服，戴上冠冕，在衣带间插上朝板（表示此后卸甲休兵，以文德治世）。虎贲勇士们也懂得击剑之道——武士们的威武之姿难道要在厮杀之后才足以表现出来吗？因此君子穿着什么样的服饰，这一点十分重要，那些看起来有威严庄重之象的服饰，君子在穿上它的同时就已经达到了宣示这种精神的目的。这个道理如此明白，人们难道可以不详加考察吗？

## 二端第十五

【原文】

《春秋》至意有二端，不本二端之所從起，亦未可與論災異也，小大微著之分也。夫覽求微細於無端之處，誠知小之將爲大也，微之將爲著也。吉凶未形，聖人所獨立也，雖欲從之，末由也已，此之謂也。故王者受命，改正朔，不順數而往，必迎來而受之者，授受之義也。故聖人能繫心於微，而致之著也。是故《春秋》之道，以元之深正天之端，以天之端正王之政，以王之政正諸侯之即位，以諸侯之即位正竟內之治，五者俱正而化大行。故書日蝕、星隕、有蜮、山崩、地震、夏大雨水、冬大雨雹、隕霜不殺草，自正月不雨至於秋七月，有鸜鵒來巢，《春秋》異之，以此見悖亂之徵。是小者不得大，微者不得著，雖甚末，亦一端。孔子以此效之，吾所以貴微重始是也。因惡夫推災異之象於前，然後圖安危禍亂於後者，非《春秋》之所甚貴也。然而《春秋》舉之以爲一端者，亦欲其省天譴而畏天威，內動於心志，外見於事情，脩身審己，明善心以反道者也，豈非貴微重始、慎終推效者

哉！

【译文】

《春秋》最深的意旨有两个方面，如果不清楚这两个方面的思想从何而来，也就不可以讨论灾异变化。事物有小大和微著的区分。从事物尽头之处寻求细微的征兆，就可以知道小事如何变成大事，细微变化如何转为显著变化。吉凶没有显现，圣人能够独自做事，（众人）虽然想跟从他，但也不知道怎样跟从，说的就是这个道理。所以君王受天命，改纪元，不顺从原来的月份而重新开始，这就是授予和接受的义理。所以圣人能用心体察细微之征，而以行动使它的意义明显。因此《春秋》的法则，用元气来定天的开端，用天的开端来定天子之政，用天子之政来定诸侯的继承君位，用诸侯继承君位来定国内的统治，这五个方面都已定后，教化就可以推行。所以记载日蚀，星星陨落，蜮虫出现，山崩、地震，夏季大雨、冬季大雪、下霜却冻不死野草、从正月不下雨一直干旱到秋天七月，有鸜鹆来筑巢，《春秋》认为这些现象都不正常，从中可以见到动乱的征兆。小事不能让它变大，刚开始出现细微征兆，就不能让它变成明显的，虽然那时还非常细微，但这也是一个方面。孔子以这样去效法它，我因此看重细微征兆又重视事物的开端。因此厌恶那种事先推演出灾异，然后试图在祸乱中取利之人，这种人不是《春秋》所赞赏的。然而《春秋》举这种实例并以之为开端，也是想要人们省悟上天的谴告，而敬畏上天的威严，对内使心中受到感动，对外感悟事物的变化，修养自己的身心，省察自己的道德，表明善心以返回正道，这难道不是重视细微之处、看重事物开端、谨慎对待结局以推出其效验吗？



【原文】

## 俞序第十七

仲尼之作《春秋》也，上探正天端王公之位，萬民之所欲，下明得失，起賢才，以待後聖。故引史記，理往事，正是非，見王公。史記十二公之間，皆衰世之事，故門人惑。孔子曰：「吾因其行事而加乎王心焉。」以爲見之空言，不如行事博深切明。故子貢、閔子、公肩子言其切而爲國家資也。其爲切而至於殺君亡國，奔走不得保社稷，其所以然，是皆不明於道，不覽於《春秋》也。故衛子夏言，有國家者不可不學《春秋》，不學《春秋》，則無以見前後旁側之危，則不知國之大柄，君之重任也。故或脅窮失國，揜殺於位，一朝至爾。苟能述《春秋》之法，致行其道，豈徒除禍哉，乃堯舜之德也。故世子曰：「功及子孫，光輝百世，聖人之德，莫美於恕。」故予先言《春秋》詳己而畧人，因其國而容天下。《春秋》之道，大得之則以王，小得之則以霸。故曾子、子石盛美齊侯安諸侯，尊天子。霸王之道，皆本於仁。仁，天心，故次以天心。愛人之大者，莫大於思患而豫防之，故蔡得意於吴，魯得意於齊，而《春秋》皆不告。故次以言怨人不可邇，敵國不可狎，攘

竊之國不可使久親，皆防患爲民除患之意也。不愛民之漸乃至於死亡，故言楚靈王、晉厲公生弒於位，不仁之所致也。故善宋襄公不厄人，不由其道而勝，不如由其道而敗，《春秋》貴之，將以變習俗而成王化也。故子夏言《春秋》重人，諸譏皆本此。或奢侈使人憤怨，或暴虐賊害人，終皆禍及身。故子池言魯莊築臺，丹楹刻桷，晉厲之刑刻意者，皆不得以壽終。上奢侈，刑又急，皆不內恕，求備於人，故次以《春秋》緣人情，赦小過，而《傳》明之曰：「君子辭也。」孔子明得失，見成敗，疾時世之不仁，失王道之體，故緣人情，赦小過，《傳》又明之曰：「君子辭也。」孔子曰：「吾因行事，加吾王心焉。」假其位號以正人倫，因其成敗以明順逆，故其所善，則桓文行之而遂，其所惡，則亂國行之終以敗，故始言大惡殺君亡國，終言赦小過，是亦始於粗，終於精微，教化流行，德澤大洽，天下之人，人有士君子之行而少過矣，亦譏二名之意也。

【译文】

孔子制作《春秋》，从根本上是为了探索时令的开始，端正王公的位置和百姓政教的起始，具体就是为了明白得失，举用贤能之人，等待圣人的出现。所以孔子从历史事件中总结经验，辨别是非，摆正王公之序。《春秋》所记十二位君主的事迹，都发生在衰乱之世，所以孔子弟子感到迷惑不解。孔子说：「我是通过对这些君主行事的整理来表达我的王道思想。」他认为从泛泛而论中去发现道理，不如在历史事件中来得更广博和深刻。所以子贡、闵子骞、公肩子，谈到《春秋》时都认为《春秋》所记切要，而且是治国的纲领。它记载真切，认为像国君被杀以及国家灭亡，逃亡在外不能保社稷的根本原因，都是不明于道，不读《春秋》的缘故。所以子夏说：有国有家的君主、大夫不能不学习《春秋》，否则不能发现身边的危险，不知晓国家的根本和君主的重任。因此像国君被大臣胁迫而失去国家，在君位上被杀的情况，都是很快发生的事情。如果能够遵循《春秋》的行事法则，进一步实现其中的治国之道，那就不仅仅是消除祸患了，而是尧舜的德行。世子硕说：「功业造福子孙后代，光辉照耀百世，圣人的美德，没有比恕道更美好的。」子先说到《春秋》记事对自己国家详细而对别国简略，那是借着自己的国家而阐述治国之道。对《春秋》中的治国之道，体悟得彻底则能实现王道，就是不彻底也能实现霸道。所以曾子、子石盛赞齐桓公能安抚诸侯，尊奉周天子。王道和霸道，都以仁为本。仁是上天之心，因此《春秋》按照仁的标准记事。对人的爱，没有比为人担心忧患并加以提防更大的，所以蔡国从吴国得到实惠，鲁国从齐国得到好处，《春秋》全不记载。按照所说的内容记事，有仇恨之人不可亲，敌对国家不可近，偷窃别人国家的人不能与之长久亲近，这些全是防备患难，为百姓除患的思想。不爱护百姓继续发展就会走向灭亡，所以说楚灵王、晋厉公在位时被杀死，都是不行仁政的结果。《春秋》认为宋襄公若趁人之危，不按正道办事取得胜利，反而不如遵守正道而遭致失

败，《春秋》肯定宋襄公的行为，将要用它改变习俗并成就王道的教化。因此子夏说《春秋》重视人，各种批评都由此产生。有的因奢侈遭受愤恨，有的残暴对待百姓，最终都会使灾祸危及自身。因此子池说鲁庄公修筑高台，用红色的大柱和刻饰花纹的椽子，晋厉公刑罚严苛，都不会有好结果。崇尚奢侈，用刑严苛都属于对内全不行恕道，对别人的要求是求全责备，所以《春秋》依据人情，赦免别人的过错，在《公羊传》上明确写着：「这是君子之辞。」孔子明白得失成败的原因，担心社会上的不仁爱会导致失去王道的根本，所以在记事时宽容别人小的过错。《公羊传》又明确地写着：「这是君子的话。」孔夫子说：「我通过《春秋》表达我的王道思想。」假借王者的名位来端正人伦关系，依据事情的成败经验阐述顺逆的道理，所以《春秋》所称赞的，就是使得齐桓、晋文二公成功的行为；它所否定的，就是导致国家动乱和失败的那些行为。从讥刺臣子杀害国君、毁掉国家的大恶开始，到宽容小的过错结束。这也是从粗疏开始，到精微而结束。教化得到实行，恩德广泛融洽，人人都德行如君子，而很少有过错，这也是《春秋》讥刺当时人用两个字取名的意思。

# 卷七

## 堯舜不擅移、湯武不專殺第二十五

【原文】

堯舜何緣而得擅移天下哉？《孝經》之語曰：「事父孝，故事天明。」





事天與父，同禮也。今父有以重予子，子不敢擅予他人，人心皆然。則王者亦天之子也，天以天下予堯舜，堯舜受命於天而王天下，猶子安敢擅以所重受於天者予他人也。天有不以予堯舜漸奪之，故明爲子道，則堯舜之不私傳天下而擅移位也，無所疑也。儒者以湯武爲至聖大賢也，以爲全道究義盡美者，故列之堯舜，謂之聖王，如法則之。今足下以湯武爲不義，然則足下之所謂義者，何世之王也？曰：弗知。弗知者，以天下王爲無義者耶？其有義者而足下不知耶？則答之以神農。應之曰：神農之爲天子，與天地俱起乎？將有所伐乎？神農氏有所伐可，湯武有所伐獨不可，何也？且天之生民，非爲王也，而天立王以爲民也。故其德足以安樂民者，天予之；其惡足以賊害民者，天奪之。《詩》云：「殷士膚敏，祼將于京，侯服于周，天命靡常。」言天之無常予，無常奪也。故封泰山之上，禪梁父之下，易姓而王，德如堯舜者七十二人。王者，天之所予也，其所伐皆天之所奪也。今唯以湯武之伐桀紂爲不義，則七十二王亦有伐也。推足下之説，將以七十二王爲皆不義也！故夏無道而殷伐之，殷無道而周伐之，周無道而秦伐之，秦無道而漢伐之。有道伐無道，此天理也，所從來久矣，寧能至湯武而然耶？夫非湯武之伐桀紂者，亦將非秦之伐周，漢之伐

秦，非徒不知天理，又不明人禮。禮，子爲父隱惡。今使伐人者而信不義，當爲國諱之，豈宜如誹謗者，此所謂一言而再過者也。君也者，掌令者也，令行而禁止也。今桀紂令天下而不行，禁天下而不止，安在其能臣天下也？果不能臣天下，何謂湯武弑？

【译文】

堯、舜为什么能够擅自将天下交给别人呢？《孝经》中曾记载：「侍奉父亲孝顺，就会明白如何侍奉上天。」侍奉上天和父亲，在礼上是一样的。现在父亲把祖宗的家业传给儿子，儿子不敢擅自交给别人，人们都是这样认为的。那么君王是上天的儿子，上天把天下交给尧、舜，尧、舜从上天那里接受天命而做了天下的君王，就像儿子从父亲那里接受重任一样，怎么敢擅自交给别人呢？上天又没有让尧、舜将君位传给儿子的授命。所以明白做儿子的道理，（就明白）尧、舜不擅自传授君位是没什么可疑的。儒者们将汤、武当做至圣大贤和保全道义的完美之人，所以和尧、舜并列，称之为圣王，并且效法他们。现在你认为汤、武是不义的人，不知道你所认为的那有义的人是哪一代的君王呢？你回答说：不知道。那么这种不知道，是认为天下所有的君王都是不义者，还是天下有正义的君王而你不知道呢？你回答说：神农氏是正义的君王。我回应你这种答复说：神农氏做天子，是与天地并生呢，还是经过征伐才做的天子？为什么神农氏征伐和取代别人就可以，汤、武就不可以了呢？况且上天并不是为了满足君王的需要而生养百姓，是为了满足百姓的需要而选择君王。所以当他的德行足以使百姓安居乐业的时候，天就把王位传给他；当他的恶行残害百姓的时候，上天就收回天命。《诗经》上说：「殷商之士美好聪敏，在京师举行祼礼，殷商后人臣服于周，天命不是固定不变的。」这句话就是说天不是固定不变地把天命传给谁，也不会固定不变地夺回天命。所以进行过封禅大礼，改姓而称王，德行如尧、舜的人就有七十二人。君王，是上天授予天命的人；那些被君王讨伐的人，是上天剥夺天命的人。如今只说汤、武讨伐桀、纣是不义的，那么七十二王也是讨伐别人而成为国君的，按照你的推论，则七十二王都是不义的了。所以说，夏人无道，殷人就讨伐和取代他；殷人无道，周人就讨伐和取代他；周人无道，秦人就讨伐和取代他；秦人无道，汉人就讨伐和取代他。有道者取代无道者，这是天理，由来已久，难道是到了汤、武的时候才这样吗？那些认为汤、武讨伐桀、纣是错误的人，必然认为秦讨伐周、汉讨伐秦也是错误的，这不仅是不明白天理，就是对人礼也不知道。按照礼的规定，儿子应当为父亲隐瞒过错。（假如按照你的推论）现在认为取代者是不义的，那么就应当为这个国家而隐瞒这件事，哪里能去诽谤呢？在这句话中存在着自相矛盾的错误。君主就是掌管天下政令的人，号令一出，天下就都响应；禁令一下，天下就都停止去做（被禁止的行为）。但桀、纣号令天下却无人响应，禁令没人听从，怎么能够使天下臣服呢？既然不能使天下臣服，怎么能说汤、武的攻伐是弑君呢？

【原文】

卷八

## 仁義法第二十九

《春秋》之所治，人與我也。所以治人與我者，仁與義也。以仁安人，以義正我，故仁之爲言人也，義之爲言我也，言名以别矣。仁之於人，義之與我者，不可不察也。衆人不察，乃反以仁自裕，而以義設人。詭其處而逆其理，鮮不亂矣。是故人莫欲亂，而大抵常亂。凡以闇於人我之分，而不省仁義之所在也。是故《春秋》爲仁義法。仁之法在愛人，不在愛我。義之法在正我，不在正人。我不自正，雖能正人，弗予爲義。人不被其愛，雖厚自愛，不予爲仁。昔者晉靈公殺膳宰以淑飲食，彈大夫以娱其意，非不厚自愛也，然而不得爲淑人者，不愛人也。質於愛民，以下至於鳥獸昆蟲莫不愛。不愛，奚足謂仁？仁者，愛人之名也。嶲，《傳》無大之之辭。自爲追，則善其所恤遠也。兵已加焉，乃往救之，則弗美。未至豫備之，則美之，善其救害之先也。夫救蚤而先之，則害無由起，而天下無害矣。然則觀物之動，而先覺其萌，絶亂塞害於將然而未形之時，《春秋》之志也，其明至矣。非堯舜之智，知禮之本，孰能當此？故救害而先知之，明也。公之所恤遠，而《春秋》美之。詳其美恤遠之意，則天地之間然後快其仁矣。非三王之德，選賢之精，孰能如此？是以知明先，以仁厚遠。遠而愈賢，近而愈不肖者，愛也。故王者愛及四夷，霸者愛及諸侯，安者愛及封内，危者愛及旁側，亡者愛及獨身。獨身者，雖立天子諸侯之位，一夫之人耳，無臣民之用矣。如此者，莫之亡而自亡也。《春秋》不言伐梁者，而言梁亡，蓋愛獨及其身者也。故曰仁者愛人，不在愛我，此其法也。義云者，非謂正人，謂正我。雖有亂世枉上，莫不欲正人。奚謂義？昔者楚靈王討陳蔡之賊，齊桓公執袁濤塗之罪，非不能正人也，然而《春秋》弗予，不得爲義者，我不正也。闔廬能正楚蔡之難矣，而《春秋》奪之義辭，以其身不正也。潞子之於諸侯，無所能正，《春秋》予之有義，其身正也，趨而利也。故曰義在正我，不在正人，此其法也。夫我無之求諸人，我有之而誹諸人，人之所不能受也。其理逆矣，何可謂義？義者，謂宜在我者。宜在我者，而後可以稱義。故言義者，合我與宜，以爲一言。以此操之，義之爲言我也。故曰有爲而得義者，謂之自得；有爲而失義者，謂之自失。人好義者，謂之自好；人不好義者，謂之不自好。以此參之，義，我也，明矣。是義與仁殊。仁謂往，義謂來。仁大遠，義大近。愛在人謂之仁，義在我謂之義。

仁主人，義主我也。故曰仁者人也，義者我也，此之謂也。君子求仁義之别，以紀人我之間，然後辨乎内外之分，而著於順逆之處也。是故内治反理以正身，據禮以勸福。外治推恩以廣施，寬制以容衆。孔子謂冉子曰：「治民者先富之，而後加教。」語樊遲曰：「治身者，先難後獲。」以此之謂治身之與治民，所先後者不同焉矣。《詩》曰：「飲之食之，教之誨之。」先飲食而後教誨，謂治人也。又曰：「坎坎伐輻，彼君子兮，不素餐兮。」先其事，後其食，謂治身也。《春秋》刺上之過，而矜下之苦，小惡在外弗舉，在我書而誹之。凡此六者，以仁治人，義治我，躬自厚而薄責於外，此之謂也。且《論》已見之，而人不察，曰君子攻其惡，不攻人之惡。不攻人之惡，非仁之寬與？自攻其惡，非義之全與？此謂之仁造人，義造我，何以異乎？故自稱其惡謂之情，稱人之惡謂之賊；求諸己謂之厚，求諸人謂之薄；自責以備謂之明，責人以備謂之惑。是故以自治之節治人，是居上不寬也；以治人之度自治，是爲禮不敬也。爲禮不敬，則傷行而民弗尊；居上不寬，則傷厚而民弗親。弗親則弗信，弗尊則弗敬。二端之政詭於上，而僻行之則誹於下，仁義之處可無論乎？夫目不視弗見，心弗論不得。雖有天下之至味，弗嚼弗知其旨也；雖有聖人之至道，弗論不知其義也。



【译文】

《春秋》所关注的，是人和我。而用来治理人和我的根本，则是仁与义。用仁对待别人，用义来规范自我，因此仁就是人的意思，义就是我的意思，在语言上已经作了区别。仁对于人，义对于我的关系，不可不明察、区分。一般人不明察，竟反过来用仁宽容自己，用义苛刻对待别人。不明白自己的处境且违逆事理，很少有不混乱的。尽管没有人希望出现混乱，可是实际上人们又经常陷于混乱。这多半是对人和我的区别不清楚，导致不明白仁义的根本。所以《春秋》制定了仁义的原则。仁的原则是爱人，不是宽容自己；义的原则是矫正自己，不在矫正别人。自己不矫正自己，即使能矫正别人，也不能称为义。别人没有接受到你的爱，即使爱自己再多，也不能算做仁。从前晋灵公为得到美食而杀害厨师，为使自己愉快而用弹弓弹射大夫，不能不说是特别爱自己，可是却不能算做美善之人，是因为他不爱别人。真心地爱别人，进而扩充到对鸟兽昆虫也没有不爱的。没有爱心，怎么可以说是仁呢？仁，就是爱别人的名称。关于鲁僖公追赶齐国军队到嶲地的记载，《公羊传》上并没有称赞之辞。而此前的鲁庄公亲自主动追赶戎狄到济西，《春秋》就称赞庄公思虑深远。敌人军队已经开始侵犯了，鲁僖公才前往救援，《春秋》就不赞赏他。而鲁庄公在战争尚未到来就预先防备，这是很好的，《春秋》称赞他能在灾害发生之前就去救援。制止祸害在它发生之前，那么祸害就无从发生，天下就没有祸害了。由此可知，观察事物的变化，提前察觉出萌芽，断绝动乱、堵塞祸害在没有形成之时，是《春秋》的本意，这

是非常明确的了。没有尧舜的智慧，不知道礼的根本的人，怎么能知道这一道理呢？所以要制止祸害发生应当预先做准备，这才是明智的。鲁庄公考虑得长远，《春秋》才赞美他。详细地研究《春秋》赞扬鲁庄公思虑深远的原因，人们对仁的认识就又深入一层了。没有三王的德行，选拔贤才中的精英，谁能做到这些？这就是以智慧明白先机，以仁爱亲近远人。仁爱施与得越远就越贤能，仁爱施与得越近就越不肖。所以实行王道的君主，他的爱能达到四夷；实行霸道的君主，他的爱只能达到诸侯；安于现状的君主，他的爱能达到国境之内；危害国家的君主，他的爱仅能达到左右身边的人；亡国的君主，他的爱只能达到自身。爱如果只能达到自身，即使在天子诸侯的位置，也只是一个人罢了，没有臣民可使用。像这样的人，没有人消灭他，他自己也会灭亡。《春秋》没有记载攻打梁国，却记载梁国灭亡，大概是因为梁国国君的爱只达到他自身而止。所以说仁者爱人，不在于爱自己，这就是仁爱的原则。义，不是说矫正别人，是说矫正自己。即使扰乱社会欺枉君上的人，也没有不想矫正别人的，怎么能说是义？从前楚灵王讨伐陈、蔡两国的贼寇，齐桓公拘捕袁涛涂的罪过，不是不能矫正别人，然而《春秋》不赞许，不称他们的行为是义，是因为他们自身不正。阖庐能矫正楚国、蔡国的危难，可是《春秋》却不给予他义的名声，因为他自身就不端正，只是追求利益而已。潞子在诸侯当中，没有矫正别人，但《春秋》授予他有义的称号，因为他自身端正。所以说义在于矫正自己，不在于矫正别人，这就是原则。我没有的就向别人要求，我有的就向别人提出非难，这是别人所不能接受的。这因为它的道理违逆了义，怎么可以说是义呢？义，是说适宜自己所做。适宜自己所做，然后才可以说得上是义。所以说义，是将自我与适宜做的事合为一个词。用这个原则操持事物，义作为一个词就等于我。所以说有的人做事情就可得到义，这叫做自动获得；有的人做事就失去义，这叫做自动失去。人有的喜好义，这叫做自我喜好；人有的不喜好义，这叫做自己不喜好。用这个标准验证，义，就是我，这是很明确的。这种义和仁不同。仁是对待别人，义是要求自己；仁是大而又远，义是大而又近。爱心在别人身上叫做仁，自己行为适宜就叫做义。仁以别人为主，义是以我为主。所以说仁就是别人，义就是自己，说的是这个道理。君子寻求仁义的差别，以便认识别人与自我之间的关系，然后辨别内外的分别，而在顺境与逆境中表现出来。因此对内做事要返归义理以便匡正自身，用礼来实现身正。对外做事要推广恩德并扩展广大，用宽容的原则处事而容纳众人。孔子对冉有说：「统治百姓要先使百姓富有，然后再施以教化。」对樊迟说：「提高自己，要先经历困难然后才有所获。」用这样的话说明管理自己和管理百姓所要做的事的先后不同。《诗经》说：「让他们吃饱喝足，然后再教诲他们。」先吃饱肚子然后教化，这就是统治人的原则。又说：「伐木造车辐哟，那个君子啊，不是白吃饭的。」先做事，然后再进食，这就是要求自己的原则。《春秋》讥刺在上位者的过错，而可怜在下者的苦难，别人小的丑恶不书写，而对自己的过错却一定指责。所有这些，都是用仁对待他人，用义治理自我，对自己要求严格而对外人要求宽容，说的就是这个道理。况且《论语》已经表达过这种观点，可是人们却没有察觉。

说君子攻击自己的过错，不攻击别人的过错，不是讲求仁的宽容吗？攻击自己的过错，不是义的全面吗？这就叫做仁成就人，义成就我，有什么不同呢？所以指责自己的过错叫诚实，检举别人的过错叫做贼；对自己要求严格叫做厚，对别人要求严格叫做薄；对自己求全责备叫做明，对别人求全责备叫做惑。因此用对待自己的方法对待别人，这是居上位而不宽大；用对待别人的原则对待自己，这是对礼不尊敬。对礼不尊敬就会阻碍行动，导致百姓的轻视；居上位又不宽大就会伤害厚道，导致百姓的疏远。疏远就不会有诚信，轻视就不会恭敬。这两种政令在上面实施，邪恶的行为就会在下面流行，对待仁义可以不重视和探究吗？眼睛不去看就什么也见不到，心不思考就不会有收获。即使有天下最美味的饭菜，不咀嚼也就不会知道它的味道；即使有圣人的最完善的理论，不论说也不会知道它的意思。

【原文】

## 必仁且智第三十

莫近於仁，莫急於智。不仁而有勇力材能，則狂而操利兵也；不智而辯慧獧給，則迷而乘良馬也。故不仁不智而有材能，將以其材能以輔其邪狂之心，而贊其僻違之行，適足以大其非而甚其惡耳。其彊足以覆過，其禦足以犯詐，其慧足以惑愚，其辨足以飾非，其堅足以斷辟，其嚴足以拒諫。此非無材能也，其施之不當而處之不義也。有否心者，不可藉便埶，其質愚者不與利器。《論》之所謂不知人也者，恐不知別此等也。仁而不智，則愛而不別也；智而不仁，則知而不爲也。故仁者所以愛人類也，智者所以除其害也。

何謂仁？仁者憯怛愛人，謹翕不爭，好惡敦倫，無傷惡之心，無隱忌之志，無嫉妒之氣，無感愁之欲，無險詖之事，無辟違之行。故其心舒，其志平，其氣和，其欲節，其事易，其行道，故能平易和理而無爭也。如此者謂之仁。

何謂之智？先言而後當。凡人欲舍行爲，皆以其智先規而後爲之。其規是者，其所爲得，其所事當，其行遂，其名榮，其身故利而無患，福及子孫，德加萬民，湯武是也。其規非者，其所爲不得，其所事不當，其行不遂，其名辱，害及其身，絶世無復，殘類滅宗亡國是也。故曰莫急於智。智者見禍福遠，其知利害蚤，物動而知其化，事興而知其歸，見始而知其終，言之而無敢譁，立之而不可廢，取之而不可舍，前後不相悖，終始有類，思之而有復，及之而不可厭。其言寡而足，約而喻，簡而達，省而具，少而不可益，多而不可損。其動中倫，其言當務。如是者謂之智。

其大畧之類，天地之物有不常之變者，謂之異，小者謂之災。災常先

至而異乃隨之。災者，天之譴也；異者，天之威也。譴之而不知，乃畏之以威。《詩》云：「畏天之威。」殆此謂也。凡災異之本，盡生於國家之失。國家之失乃始萌芽，而天出災害以譴告之；譴告之而不知變，乃見怪異以驚駭之，驚駭之尚不知畏恐，其殃咎乃至。以此見天意之仁而不欲陷人也。謹案災異以見天意。天意有欲也，有不欲也。所欲所不欲者，人內以自省，宜有懲於心；外以觀其事，宜有驗於國。故見天意者之於災異也，畏之而不惡也，以爲天欲振吾過，救吾失，故以此報我也。《春秋》之法，上變古易常，應是而有天災者，謂幸國。孔子曰：「天之所幸，有爲不善而屢極。」楚莊王以天不見災，地不見孽，則禱之於山川，曰：「天其將亡予邪？不說吾過，極吾罪也。」以此觀之，天災之應過而至也，異之顯明可畏也。此乃天之所欲救也，《春秋》之所獨幸也，莊王所以禱而請也。聖主賢君尚樂受忠臣之諫，而況受天譴也？

【译文】

（对于人来说）没有比仁更重要，没有比智更迫切的了。缺乏仁义却有勇气、力量、才能，就像发狂的人又拿到锋利的兵器一样；不智却能诡辩，就如同已经迷失方向的人还要骑快马一样。所以不仁不智而有才能，就将用自己的才能来辅助他那邪狂的心思，而帮助他不正当的行为，这些足够扩大他的错误而又加重他的罪恶。他的强势足以掩盖过错，他的防范足以造成欺诈，他的智慧足以迷惑愚人，他的辩才足以粉饰过失，他的任性足可以破坏法纪，他的刚愎足以拒绝进谏。这些人不是没有才能，是他目的及动机都不符合仁义的标准。有邪恶之心的，不可以再给他便利的形势；本质愚笨的，不可以给他锋利的用具。《论语》所说的不了解别人，恐怕就指不了解这些的区别。仁爱而不智，就会只知爱却不能区别是非；智慧但不仁爱，就会心知善恶却不愿去做。所以仁者是爱护人类的，智者是除害的。

什么叫做仁？仁者要诚恳爱人，恭谨和顺，与人无争，个人的喜好、厌恶都有序不乱，没有伤害别人之心，没有需要隐瞒和忌讳的阴谋，没有嫉妒的戾气，没有感愁的怨念，没有危险诡异的事情，没有违法的行为。所以他的心情舒展，精神平和，性情温顺，他的欲望受到节制，他的事情容易办成，他的行为就能平和简易、和谐有序而没有争斗，像这样的人就叫做仁。

什么叫做智？就是先把话说出来，而后能够证明是正确的。一个人行动与否，总是依据他的智慧先规划然后才去做。如果他的规划是对的，他的作为就有好结果，他所从事的就恰当，他的所为能够顺利进行，他的名声就显荣，他自己就有利而没有祸害，福泽延续到子孙，德业影响到百姓，商汤、周武就是这类人。如果他的规划是不对的，他的作为就没有好结果，他所从事的就不恰当，他的行为就不会有结果，他的名声就受到羞辱，祸害就要危及自身，断绝了子嗣没有后人，残害同类、宗族，灭绝国家，夏桀、商纣就是这类人。所以说不要急于用智。智者能够发现

更长远的祸福，他能预先知晓利害，事物一开始运动就知道它如何变化，事情一发生就知道它的所归，由开始就知晓它的结局。谈说起来并不炫耀，确立后就不可废除，从中受益且不能舍弃，前后不相违背，从结束到开始都有条理，思考起来还有余地，达到却又不生厌恶。他的话言简意赅，简单却通达其意。节省却充足，少的时候不可再增多一句，多的时候不可再减少一言。他的一举一动符合礼的原则，他的言论切中要害。像这样的，就是智。

大概的类别是：天地间万物的不常之变称做怪异，这其中小的异常叫做灾害。灾害常常先出现而怪异紧随着出现。灾害，是上天对人的责备；怪异，是上天的威严。责备他还不知改悔，就用威严使他畏惧。《诗经》上说：「畏惧上天的威严。」大概说的是这一意思。所有灾害变异的本源，全都是因为国家的失误。国家的失误刚开始出现，上天就会用灾害来谴告他，谴告之后仍不知改变，就以异象使之害怕，若还不知因害怕而改变，大的祸患就会出现。由此可见上天的本意是仁爱而不是降灾于人。谨慎地观察灾害变异就可以了解上天的心意。上天的心意有希望人们做的，有不希望人们做的。不管是哪一种，都要从内心反省自己，应该对自己的思想有所警惕；对外要观察事务，应该对国家之事有所察验。所以对待由灾害变异表现出的上天的意图，态度应当是畏惧它却不厌恶它，认为上天的本意是想要制止我们的过错，所以用这些现象向我们警示。《春秋》的记事方法，是当执政者改变古已有之的制度，更改寻常之事，应验这种情况而出现天灾的，就叫做国家的侥幸。孔子说：「上天对于人的宠幸，是当人做坏事的时候多次以灾害警告他。」楚庄王见到上天不出现灾害，大地不出现灾祸，就向山川祈祷说：「上天难道忘记我了吗？不谴告我的过错，这是要使我的罪大到极点啊。」由此看来，上天的灾害是为回应人的过错而出现的，而显明怪异情况的出现也是可畏惧的。这本是上天要挽救人们，是《春秋》所认为的宠幸，因此楚庄王祈祷上天请求出现灾异。圣贤之主尚且愿意接受忠臣的进谏，何况对上天的谴告呢？

# 卷九

## 身之養重於義第三十一

【原文】

天之生人也，使人生義與利。利以養其體，義以養其心。心不得義不能樂，體不得利不能安。義者心之養也，利者體之養也。體莫貴於心，故養莫重於義，義之養生人大於利。奚以知之？今人大有義而甚無利，雖貧與賤，尚榮其行，以自好而樂生，原憲、曾、閔之屬是也。人甚有利而大無義，雖甚富，則羞辱大惡。惡深，禍患重，非立死其罪者，卽旋傷殃憂爾，莫能以樂生而終其身，刑戮夭折之民是也。夫人有義者，雖貧能自樂也。而大無義者，雖富莫能自存。吾以此實義之養生人，大於利而厚於財也。民不能知而常反之，皆忘義而殉利，去理而走邪，以賊其身而禍其家。此

非其自爲計不忠也，則其知之所不能明也。今握棗與錯金，以示嬰兒，嬰兒必取棗而不取金也。握一斤金與千萬之珠，以示野人，野人必取金而不取珠也。故物之於人，小者易知也，其於大者難見也。今利之於人小而義之於人大者，無怪民之皆趨利而不趨義也，固其所闇也。聖人事明義，以照耀其所闇，故民不陷。《詩》云：「示我顯德行。」此之謂也。先王顯德以示民，民樂而歌之以爲詩，説而化之以爲俗。故不令而自行，不禁而自止，從上之意，不待使之，若自然矣。故曰：聖人天地動、四時化者，非有他也，其見義大故能動，動故能化，化故能大行，化大行故法不犯，法不犯故刑不用，刑不用則堯舜之功德。此大治之道也，先聖傳授而復也。故孔子曰：「誰能出不由户，何莫由斯道也。」今不示顯德行，民闇於義，不能炤；迷於道不能解，因欲大嚴憯以必正之，直殘賊天民而薄主德耳，其勢不行。仲尼曰：「國有道，雖加刑，無刑也。國無道，雖殺之，不可勝也。」其所謂有道無道者，示之以顯德行與不示爾。

【译文】

上天生养了人，同时也产生了义和财利。财利用来滋养人的身体，义用来修养人的内心。内心得不到义的修养就不会快乐，身体得不到财利的滋养就不会安稳。义是内心的修养，财利是身体的修养。身体不比内心更贵重，所以利就不比义更重要。义对人的生命来说，比利更重大。从哪里知道这些呢？现在有一种人特别有义却没什么利，他们虽然贫贱，仍然认为自己的行为光荣，因好义而感到快乐，原宪、曾子、闵子骞等人就是这一类人。有一种人非常有财利却没什么义，他们即使非常富有，也会遭受羞辱酿成大恶。他们罪恶深重，祸患重大，即使不会因自己的罪过而立即死去，也会因经常受到伤害而忧虑，不能愉快地生活一生，那些受到刑罚或被杀戮或夭折的人便是这类人。有义的人，即使贫困却能自己找到快乐。没有义的，即使富有也不能独自生存于世。我由此验证出义对人的生活来说，比利还要重大，比财物还要厚重。百姓不能知晓这个道理而常常违背它，都忘记了义而去为财利殉命，抛弃正道走向邪路，结果残害自身并殃及自己的全家。这种情况如果不是他自己考虑没有尽心，就是他的智慧欠缺而不明白。比如有人拿一把枣和钱币让小孩选择，小孩一定选择枣而不选择钱币。拿一斤黄金和价值千万的宝珠让庶民选择，庶民一定选择黄金而不选择宝珠。所以人们对事物的认识，小的容易了解，而那些大的则难以看清。如今虽然义比利对人更重要，但不要责怪百姓都奔向利而不奔向义，因为他们被不熟悉的事物所蒙蔽。圣人从事彰显明义的工作，以便使百姓明白他们所不熟悉的义，所以百姓就不会陷于犯罪。《诗经》说：「昭示我显露德行。」说的就是这个道理。先王显露德行且昭示给百姓，百姓高兴地歌颂他们并写成诗，快乐地接受教化成为风俗。所以不必下令做善事人们就会自动去做善事，不必禁止做坏事人们就自动不做坏事，听从在上者的想法，不

必等待使令，如同自然而然一样。所以说：圣人能使天地运动、四季变化，不是有别的原因，他见到义的伟大所以能追随天地运动，运动所以能变化，因为能变化所以能普遍地实现，因为普遍地实现，所以不触犯法律，不触犯法律所以可以不动用刑罚，不用刑罚就有尧舜一样的功德。这是天下大治的规律，先圣传授下来可以重复实现的。所以孔子说：「谁能外出而不经由门户，为什么不沿用这样的大道呢？」现今不显示德行，百姓对义不了解而统治者不能昭示；对治国之道不理解而采用严苛、惨痛的方法匡正百姓，结果只能导致残害天下百姓，而使人主的德行微薄罢了，这种行为是不可取的。孔夫子说：「国家有道的话，即使想使用刑罚，也没有用刑的对象。国家无道的话，即使将人杀死，也杀不尽。」这里所说的有道、无道，就是将显明的德行昭示天下或者不昭示的区别而已。

【原文】

## 對膠西王越大夫不得為仁第三十二

命令相曰：「大夫蠡、大夫種、大夫庸、大夫睪、大夫車成，越王與此五大夫謀伐吴，遂滅之，雪會稽之恥，卒爲霸主。范蠡去之，種死之。寡人以此二大夫者爲皆賢。孔子曰：『殷有三仁。』今以越王之賢，與蠡種之能，此三人者，寡人亦以爲越有三仁。其於君何如？桓公决疑於管仲，寡人決疑於君。」仲舒伏地再拜對曰：「仲舒智褊而學淺，不足以決之。雖然，王有問於臣，臣不敢不悉以對，禮也。臣仲舒聞，昔者魯君問於柳下惠曰：『我欲攻齊，何如？』柳下惠對曰：『不可。』退而有憂色，曰：『吾聞之也，謀伐國者，不問於仁人也。此何爲至於我？』但見問而尚羞之，而況乃與爲詐以伐吴乎？其不宜明矣。以此觀之，越本無一仁，而安得三仁？仁人者正其道不謀其利，脩其理不急其功，致無爲而習俗大化，可謂仁聖矣。三王是也。《春秋》之義，貴信而賤詐。詐人而勝之，雖有功，君子弗爲也。是以仲尼之門，五尺童子，言羞稱五伯。爲其詐以成功，苟爲而已也，故不足稱於大君子之門。五伯者，比於他諸侯爲賢者，比於仁賢，何賢之有？譬猶珷玞比於美玉也。臣仲舒伏地再拜以聞。」

【译文】

胶西王问董仲舒说：「越国有大夫范蠡、文种、后庸、睾如、车成等人，帮助越王勾践谋计攻打吴国，最终灭掉了吴国，以雪在会稽山战败的耻辱，终成其霸主地位。范蠡离开越王，文种为越王而死。我认为这两位大夫都是贤者。孔子说：『殷有三仁。』现在以越王勾践的贤才，加上范蠡、文种的能力，以此三人，我认为越国也有三仁，他们和你比较又如何呢？齐桓公提出疑问，由管仲解答，我提出疑问，由你解答。」董仲舒伏在地上拜了两拜，回答道：「我才疏学浅，不足以为国君解答疑问。但是，国君问到我，我不能不回答，这是礼的要求。我听说，过去，鲁国

国君问他的大夫柳下惠说：『我想攻打齐国，怎么样？』柳下惠说：『不行。』下朝回家后他很伤心，说：『我听说打算进攻别国的国君，不会将这个问题向仁人请教，这次怎么会问到我呢？』可见仁人仅仅被问到这个问题尚且感到羞耻，怎么会和国君一起计划如何攻打吴国呢？所以这些人不应该得到称赞。从这点上看，越国本来没有一个仁人，怎么会有三个仁人呢？所谓仁人，要行正道，而不去考虑有什么利益，按照道理做事而不急于得到功绩，达到无为而治而使民众得到教化，这才可称为仁圣。古代的三王（夏禹、商汤、周文王）就是如此。《春秋》的大义，是以诚信为贵而以欺诈为贱，靠着欺骗别人而取得胜利，虽然也会成功，君子不会去做。所以在孔子门下，五尺高的小孩也以谈论春秋五霸为耻辱，因为他们是靠着欺诈而获得成功的，是做了不正当的事，所以不足以在孔子的门下称说。五霸比起其他诸侯而为贤，但如果和真正的贤人相比，他们又有什么贤可言呢？这就好比拿似玉的珷玞和美玉相比一样。臣董仲舒叩首再拜奏明圣上。」

【原文】

观德第三十三

天地者，萬物之本，先祖之所出也。廣大無極，其德昭明，歷年衆多，永永無疆。天出至明，衆知類也，其伏無不炤也。地出至晦，星日爲明，不敢闇。君臣、父子、夫婦之道取之此。大禮之終也，臣子三年不敢當。雖當之，必稱先君，必稱先人，不敢貪至尊也。百禮之貴，皆編於月。月編於時，時編於君，君編於天。天之所棄，天下弗祐，桀紂是也。天子之所誅絕，臣子弗得立，蔡世子、逢丑父是也。王父父所絕，子孫不得屬，魯莊公之不得念母，衛輒之辭父命是也。故受命而海内順之，猶衆星之共北辰，流水之宗滄海也。況生天地之間，法太祖先人之容貌，則其至德取象，衆名尊貴，是以聖人爲貴也。泰伯至德之侔天地也，上帝爲之廢適易姓而子之。讓其至德，海内懷歸之。泰伯三讓而不敢就位。伯邑考知羣心貳，自引而激，順神明也。至德以受命，豪英高明之人輻輳歸之。高者列爲公侯，下至卿大夫，濟濟乎哉，皆以德序。是故吴魯同姓也，鐘離之會不得序而稱君，殊魯而會之，爲其夷狄之行也。雞父之戰，吴不得與中國爲禮。至於伯莒、黄池之行，變而反道，乃爵而不殊。召陵之會，魯君在是而不得爲主，避齊桓也。魯桓卽位十三年，齊、宋、衛、燕舉師而東，紀、鄭與魯戮力而報之。後其日，以魯不得徧，避紀侯與鄭厲公也。《春秋》常辭，夷狄不得與中國爲禮。至邲之戰，夷狄反道，中國不得與夷狄爲禮，避楚莊也。邢衛，魯之同姓也，狄人滅之，《春秋》爲諱，避齊桓也。當其如此也，惟德是親，其皆先其親。是故周之子孫，其親等也，而文王最先。四時等也，而

春最先。十二月等也，而正月最先。德等也，則先親親。魯十二公等也，而定、哀最尊。衛俱諸夏也，善稻之會，獨先内之，爲其與我同姓也。吴俱夷狄也，柤之會，獨先外之，爲其與我同姓也。滅國十五有餘，獨先諸夏，魯晉俱諸夏也，譏二名，獨先及之。盛伯郜子俱當絶，而獨不名，爲其與我同姓兄弟也。外出者衆，以母弟出，獨大惡之，爲其亡母背骨肉也。滅人者莫絶，衛侯燬滅同姓獨絶，賤其本祖而忘先也。親等從近者始，立適以長，母以子貴先。甲戌、己丑，陳侯鮑卒，書所見也，而不言其闇者。隕石於宋五，六鷁退飛，耳聞而記，目見而書，或徐或察，皆以其先接於我者序之。其於會朝聘之禮亦猶是。諸侯與盟者衆矣，而儀父獨漸進。鄭僖公方來會我而道殺，《春秋》致其意，謂之如會。潞子離狄而歸，黨以得亡，《春秋》謂之子，以領其意。包來、首戴、洮、踐土與操之會，陳、鄭去我，謂之逃歸；鄭處而不來，謂之乞盟；陳侯後至，謂之如會；莒人疑我，貶而稱人。諸侯朝魯者衆矣，而滕薛獨稱侯。州公化我，奪爵而無號。吴楚國先聘我者見賢，曲棘與鞌之戰，先憂我者見尊。

【译文】

所谓天和地，是万物的根本，是产生祖宗先人的地方。它的德性广大而没有边际，彰明于天下，历经很多年，永远没有极限。天产生极致的光明，人们可以借此辨明析类，所以天下没有不明彰的。地产生极致的晦暗，星辰和太阳明亮，而不敢阴暗。君臣、父子、夫妇的道理就取法于此。国君去世以后，臣子三年不敢当政。即使要当政，也必须凡事言必称先王、先人，不敢贪图至尊的地位。各种礼节最尊贵的部分，都由各月的时令所安排，各月当中最为重要的礼节又由各时的时令所安排，各时的重要礼节是由国君所安排，而国君的礼节由上天安排，天所摒弃的，天下的臣民都不辅佑他，桀纣就是这样的国君；天子所要诛杀灭绝的臣子，就不能立身，蔡国世子、逢丑父就是这样的人；祖父所要灭绝的人，子孙就不能继承他的君位，鲁国的庄公不能怀念他的母亲，卫世子辄辞却其父亲的命令就是这样的例子。所以受天命则四海归顺，就好像是群星以北斗星为中心，河流最终汇入大海一样，何况人生在天地之间，取法于祖先的容仪，并效法祖先的大德，以及各种尊贵之事。泰伯以其大德相比于天地，上天顺从泰伯的心意而废除嫡子继承的礼制，改变他的姓氏，泰伯以其大德使得四海之内众心归附，而他却多次辞让不敢接受。伯邑考知道群臣与自己不亲近，就主动放弃了王位的继承，这是顺应神明的表现。以其大德而受命于天，则英雄豪杰和智慧高明的人就会归附他，道德高尚的人可以担当公和侯，并依照道德水平的高低依次担任卿和大夫。众多的臣子啊，都是以道德的水平来排定次序的。所以虽然吴国与鲁国是同姓之国，在钟离会盟的时候，吴国的国君在会上不被称为君，因为他有夷狄一样的行为；鸡父大战时，吴国也不能和其他中原诸国一样受到礼遇；到了伯莒黄池之战，吴

国改变了自己先前的劣迹，归于正道，于是《春秋》对吴国国君的称呼就与中原各国没有什么不同了；　在召陵会盟的时候，鲁君虽然出场但不能作为会盟的主角，是为了避讳齐桓公；　鲁桓公即位十三年，齐、宋、卫、燕四国合军东征，纪国、郑国和鲁国全力回击四国的进攻，后来，以鲁国不能全盘应付，回避了纪侯和郑厉公。　按照《春秋》的说法，夷狄不能和中原同礼，到了邲地之战，夷狄获胜，中原又不和夷狄同礼，是避讳楚庄王；　邢国、卫国是鲁同姓，夷狄将两国灭掉，《春秋》就隐讳了这件事，这是避讳齐桓公不能相救。　之所以这样，是以道德为标准，都是把和自己亲近的人放在首要的地位。　所以作为周王的后代，他们的亲近是一样，而以文王为最首要的；　春夏秋冬四季相等，但是以春季为最首要的；　一年中的十二个月相等，但要以正月为最首要的；　道德水平相等，但以亲近的人为最首要的；　鲁国有十二位国君，但以定公和哀公为最尊贵的。　卫国和他的邻国都是中原的国家，而在吴国善稻会盟的时候，却能首先受到邀请，是因为他是和我鲁国同姓；　吴国和他的邻国都是夷狄之国，在柤地的会盟，鲁国和吴国单独会盟，是因为吴国和鲁国为同姓；　被灭掉的国家有十五个还多，却只记载中原的国家；　鲁国、晋国和他们的邻国都是中原国家，是首先提到的两个国家；　盛伯和郜子都灭绝，而不予以记载，是因为他们是我鲁国的同姓兄弟；　向外出逃的人很多，《春秋》却格外厌恶同母的弟弟出逃，认为这是不念母亲背离兄弟骨肉的行为；　卫国灭绝别国不被记载成绝灭他国，而消灭同姓国则称为绝灭他国，这是《春秋》批评卫国忘记祖先。　远近亲疏，是以血缘近的为开始；　确立嫡子以年长为标准，母亲以子而贵则为先。　《春秋》记载甲戌年己丑陈侯鲍死，却不说他死的原因；　宋国落下五块陨石，六只水鸟倒着飞，记载时耳朵听到的，眼睛看到的，都把它记下来，其中有的是记录者慢慢看到的，有的是详细体察得来的，都按照和我接近的程度依次记载下来，至于会盟和朝聘的大礼也是这样。　各国诸侯来和鲁国会盟的很多，只有仪父来得很晚。　郑僖公在来和鲁国会盟的路上被杀，《春秋》知道他们的用心并表示尊敬，记载他们是到会的；　潞子脱离夷狄而归附中原，因为无人相助而被灭亡，《春秋》称之为子，是承领他归附中原的意愿的；　包来、首戴、洮、践土与操等多次会盟，陈侯和郑伯离开鲁国，《春秋》称为逃回他们自己的国家；　郑国的国君在国内向鲁国要求会盟却又没有来参加，《春秋》记载为他乞求会盟；　会盟的时候，陈侯来得很晚，《春秋》记载为参加会盟；　莒国的国君怀疑鲁国，《春秋》贬称之为人；　各国诸侯来朝见鲁国国君的人很多，而单单称滕国和薛国为侯。　州公不尊敬鲁国，《春秋》就夺去他的爵位和封号；　吴国、楚国先聘问于鲁国，足见其贤，宋元公死于曲棘之战，曹国公子参加了鞍地的会战，他们是首先为鲁国忧虑的，因此也受到了《春秋》的尊重。



## 奉本第三十四

【原文】

禮者，繼天地，體陰陽，而慎主客、序尊卑、貴賤、大小之位，而差外內、遠近、新故之級者也，以德多爲象。　萬物以廣博衆多，歷年久者爲象。　其

在天而象天者，莫大日月，繼天地之光明，莫不照也。星莫大於大辰，北斗常星。部星三百，衛星三千。大火二十六星，伐十三星，北斗七星，常星九辭，二十八宿。多者宿二十八九。其猶著百莖而共一本，龜千歲而人寶。是以三代傳決疑焉。其得地體者，莫如山阜。人之得天得衆者，莫如受命之天子。下至公、侯、伯、子、男，海內之心懸於天子，疆內之民統於諸侯。日月食，並告凶，不以其行。有星茀于東方，於大辰，入北斗，常星不見，地震，梁山沙鹿崩，宋、衛、陳、鄭災，王公大夫簒弑者，《春秋》皆書以爲大異；不言衆星之茀人、霣雨，原隰之襲崩，一國之小民死亡，不決疑於衆草木也。唯田邑之稱，多著主名。君將不言臣，臣不言師，王夷、君獲，不言師敗。孔子曰：「唯天爲大，唯堯則之。」則之者，大也。「巍巍乎其有成功也」，言其尊大以成功也。齊桓晉文不尊周室，不能霸；三代聖人不則天地，不能至王。階此而觀之，可以知天地之貴矣。夫流深者其水不測，尊至者其敬無窮。是故天之所加，雖爲災害，猶承而大之，其欽無窮，震夷伯之廟是也。天無錯舛之災，地有震動之異。天子所誅絶，所敗師，雖不中道，而《春秋》者不敢闕，謹之也。故師出者衆矣，莫言還。至師及齊師圍成，成降于齊師，獨言還。其君劫外，不得已，故可直言也。至於他






師，皆其君之過也，而曰非師之罪。是臣子之不爲君父受罪，罪不臣子莫大焉。夫至明者其照無疆，至晦者其闇無疆。今《春秋》緣魯以言王義，殺隱桓以爲遠祖，宗定哀以爲考妣，至尊且高，至顯且明。其基壤之所加，潤澤之所被，條條無疆，前是常數，十年鄰之，幽人近其墓而高明。大國齊宋，離不言會。微國之君，卒葬之禮，録而辭繁。遠夷之君，内而不外。當此之時，魯無鄙疆，諸侯之伐哀者皆言我。邾婁庶其、鼻我，邾婁大夫，其於我無以親，以近之故，乃得顯明。隱、桓，親《春秋》之先人也，益師卒而不日。于稷之會，言其成宋亂，以遠外也。黄池之會，以兩伯之辭，言不以爲外，以近内也。

【译文】

所谓礼，承继天地，以阴阳为体，而注重主客、安排尊卑、贵贱、大小的次序，明确外内、远近、新旧的关系，人以德多为标准，万物以广博众多历时长久为标准。在天上而表现天的德性的，莫大于日月，他们承继天地的光明而没有不照耀的；星辰莫大于大辰星的，北斗星是永恒不动的常星。中官星共有三百颗，四官星共有三千颗，大火星有十六颗，伐星有十三颗，北斗共有七星，恒星共有二十八宿。星宿达二十八九颗，它们就像蓍草一样，茎虽然有一百条之多，但根只有一个。龟能够生长千年，人们就认为它是宝贝，所以春秋之前的三代时期以它来解决疑难问题。

能够体现大地德性的莫过于山川丘陵，而人当中能够得天得众的，莫过于受天命的天子，下至公、侯、伯、子、男五爵，四海之内的民心都归附于天子，各国的国民都由诸侯管理，出现日食和月食都是上天所显示的凶象，是对国君错误行为的提醒。一颗彗星出现在东方的天际，从大辰座的位置进入到北斗星的位置，看不到北斗星，于是出现地震，梁山和沙鹿山崩，宋国、卫国、陈国、郑国出现大的灾害，王公和大夫篡位弑君，《春秋》都记载下来，认为这是大的灾异。《春秋》不记述一般的彗星进入天际、陨石雨，不记述（常见的）平原和湿地的毁陷，不记述一个国家里面下层人民的死亡，就像卜筮时不用一般的草木作为工具（卜筮时要用专门的蓍草来决断）。对于田地城邑的名称，《春秋》一般都会写明它们的主人；国君出征打仗就不称有哪些臣子一起出征；大臣出征就不说明带领军队的是谁；天子受伤、国君被俘获，就不说军队打败仗。孔子说：「只有天道最伟大，只有唐尧能效法它。」所谓效法，就是以尧效法天德为大。「巍巍乎！其有成功也」，是说尧的德性尊贵高大而建有功业。齐桓公和晋文公如果不尊敬周天子，就不能称霸诸侯，夏商周三代的圣人如果不效法天地，就不能成为至高无上的圣王，由此可以知道天地有多么尊贵了。水流深的河流水深是不可测的，尊崇至高的人，他的敬心是无穷的，所以上天所给予的，即使是灾害，人们也应该承接下来并重视它，对上天尊重不已，雷击夷伯庙祠就是这样的。上天不会胡乱产生灾异，所以大地有地震这样的灾害。天子所谴责和断绝关系的人，打败了其他国家的军队，虽然这不合于正道，但《春秋》的作者不记载下来，这可见其用心的谨慎。所以发动战争的国家很多，《春秋》一般不说还师。而鲁国和齐国围攻郑国，郑国向齐国的军队投降，《春秋》的作者却记载了鲁国还师。这是因为鲁国国君向外发动战争是受了齐国的胁迫，出于不得已，因此《春秋》可以直接这样记载下来。至于其他国家的军队出征，则都是他们国君的过错，《春秋》上说这不是军队的过错，这是谴责臣子不替国君代罪，犯了不臣、不子的罪行。天地间最光明的东西，它的照耀没有边际；天地间最阴晦的东西，它的阴暗也没有边际。《春秋》通过记载鲁国历史来讲王道大义，降低隐公和桓公的地位，认为他们是鲁国的远祖，而以定公和哀公为父母，最尊贵且又最高大，最彰显且又最明白，他们的德行，对于民众的教化，既有条理又深远。与之相邻数十年，再昏愚的人邻近他们的墓也会变得高明起来。齐国和郑国两个大国国君相会，《春秋》不称为会。小国国君的丧礼，《春秋》也使用大量的笔墨来记录。对于远方夷狄国君的记载，《春秋》就像记载中原国君那样记载下来。这时，鲁国没有边界，诸侯征伐鲁哀公都称为伐我。邾娄的大夫鼻我，和鲁国并没有直接的血缘关系，但他由于时代近的缘故，《春秋》就让他显明。鲁隐公和鲁桓公是鲁国的祖先，所以鲁国公子益师死而没有记录具体的日期。齐国和郑国在宋国稷地的会盟，《春秋》认为造成了宋国的内乱，这是因为时代久而疏远了。鲁哀公参加黄池之会，以伯称呼吴国国君，没有把他看做外人，这是因为时代近的缘故而亲近他。

【原文】

卷十

## 實性第三十六

孔子曰：「名不正則言不順。」今謂性已善，不幾於無教而如其自然，又不順於爲政之道矣。且名者性之實，實者性之質。質無教之時，何遽能善？善如米，性如禾。禾雖出米，而禾未可謂米也。性雖出善，而性未可謂善也。米與善，人之繼天而成於外也，非在天所爲之内也。天所爲，有所至而止。止之内謂之天，止之外謂之王教。王教在性外，而性不得不遂。故曰性有善質，而未能爲善也。豈敢美辭，其實然也。天之所爲，止於繭麻與禾。以麻爲布，以繭爲絲，以米爲飯，以性爲善，此皆聖人所繼天而進也，非情性質樸之能至也，故不可謂性。正朝夕者視北辰，正嫌疑者視聖人。聖人之所名，天下以爲正。今按聖人言中，本無性善名，而有善人吾不得見之矣。使萬民之性皆已能善，善人者何爲不見也？觀孔子言此之意，以爲善甚難當。而孟子以爲萬民性皆能當之，過矣。聖人之性不可以名性，斗筲之性又不可以名性，名性者，中民之性。中民之性如繭如卵。卵待覆二十日而後能爲雛，繭待繅以涫湯而後能爲絲，性待漸於教訓而後能爲善。善，教訓之所然也，非質樸之所能至也，故不謂性。性者宜知名矣，無所待而起，生而所自有也。善所自有，則教訓已非性也。是以米出於粟，而粟不可謂米；玉出於璞，而璞不可謂玉；善出於性，而性不可謂善。其比多在物者爲然，在性者以爲不然，何不通於類也？卵之性未能作雛也，繭之性未能作絲也，麻之性未能爲縷也，粟之性未能爲米也。《春秋》别物之理以正其名，名物必各因其真。真其義也，真其情也，乃以爲名。名霣石則後其五，退飛則先其六，此皆其真也。聖人於言無所苟而已矣。性者，天質之樸也；善者，王教之化也。無其質，則王教不能化；無其王教，則質樸不能善。質而不以善性，其名不正，故不受也。

【译文】

孔子说过：「名不正则言不顺。」既然人们说人性已是善的了，那不就等于说顺其自然就可以，这样说的话就不合于教化与施行政治的道理了。名义是性的实质，实在是性的本质。人的本质未经教化，如何能达到善？善就像是大米，性就像是禾，禾虽然可以变成米，但禾不等于就是米；人性虽然可以成为善的，但性不等于就是善。像大米和性善，都是继承于天而成就于人为的，不是完全在天的范围之内决定的。天能做的事情是有限度、有止境的。在一定限度内为天所决定，在此限度之外，就是王教的领域了。王教在本性之外，而人性不能不被它所成就。

因此说，性有善的质，但不见得就能成为善。我岂敢夸饰此言，所说的都是实情。天能做的事情，比方说，限于生长出茧、麻与禾等物，至于将麻做成布，将茧做成丝，将米做成饭，使性成为善，这都是圣人继承天意而更进一步所为，不是天生的情性质朴就能达到的，因此不可称之为性。人们想要辨别早晨或傍晚，就看一看北斗星，想要辨别嫌疑，就看一看孔子所为。孔子所说的话，天下人都以为是正理。依照孔子说的，孔子并没有讲过性善这个词，只说过善人，我没有办法见到他啊这一句话。如果说人们都已是善的，孔子怎么会说没办法见到善人那句话呢？体会孔子说的这句话，他似乎认为善是很难承当的一种品质。而孟子却认为普通人都能承当性善，这话就说得过分了。圣人的人性不能称之为普遍的人性，小人的人性也不能称为普遍的人性，只有中等人、普通人的人性才可以称为普遍的人性。中等人的人性就像是茧和卵，卵在孵育二十天后才能成为雏鸟，而茧只有在缫丝和煮过之后才能成为丝，人性只有在经历教化之后才能成为善。善是经过教化得来的，不是仅靠质朴所能成就的，因此不能把善称之为性。性从名称上来说，是本来就有的，不需要什么条件的。若善是本来就有的，那么教训出来的善就不是本性。因此米出于禾粟，而粟不可直接称为米；玉出于璞，然而璞不可直接称为玉；善出于人性，而人性不可直接称为善。这种类比放在物上人们都可以赞同，但是放在人性上却不赞成，为什么这么不懂得类比呢？卵的性不能称为雏，茧的性不能称为丝，麻的性不能称为缕，粟的性不能称为米。《春秋》分别万物之理以正其名，名和物各得其真。以名称来表示真实的意义和情况。比如说陨石的时候先说陨石，后说其数目为六（因为人眼先看见陨石，其后落地才观察到数目），说六鹢退飞时先说六（因为先看见六只鸟，其后才看清是鹢），这都是求真的例子。圣人（孔子）对于文字从来都是不随意为之的。性是天生的质朴，善是后天的王教之化。没有这个质朴之性，王教也不能起到作用；但是没有王教之化，质朴之性也不可能成为善。不能将善作为性，这样的话名义不正，世人不能接受这样的说法。

【原文】

## 諸侯第三十七

生育養長，成而更生，終而復始，其事所以利活民者無已。天雖不言，其欲贍足之意可見也。古之聖人，見天意之厚於人也，故南面而君天下，必以兼利之。爲其遠者目不能見，其隱者耳不能聞，於是千里之外，割地分民，而建國立君，使爲天子視所不見，聽所不聞，朝者召而問之也，諸侯之爲言，猶諸侯也。

【译文】

上天养育万物，万物生长、死亡，又再生，周而复始，这些都是人民赖以生活的资源，而且永远都不会停息。上天虽然不张口说话，但是可见其赡养万民的意愿。古代的圣人体会上天对人类的厚意，因此在称王之后，尽力使人民得以存活，以成全上天的美意。天子对于那些目不能所

及、耳不能所闻的千里之外的遥远之地，就割划土地和分配民众、建立国家和君长，使他们为天子视察那些目不能及、耳不能闻的地方。朝的意思就是召见来询问的意思，诸侯的意思就是诸位服侍天子的人。

## 五行對第三十八

【原文】

河閒獻王問温城董君曰：「《孝經》曰：『夫孝，天之經，地之義。』何謂也？」對曰：「天有五行，木火土金水是也。木生火，火生土，土生金，金生水。水爲冬，金爲秋，土爲季夏，火爲夏，木爲春。春主生，夏主長，季夏主養，秋主收，冬主藏。藏，冬之所成也。是故父之所生，其子長之；父之所長，其子養之；父之所養，其子成之。諸父所爲，其子皆奉承而續行之，不敢不致如父之意，盡爲人之道也。故五行者，五行也。由此觀之，父授之，子受之，乃天之道也。故曰：夫孝者，天之經也。此之謂也。」王曰：「善哉！天經既得聞之矣，願聞地之義。」對曰：「地出雲爲雨，起氣爲風。風雨者，地之所爲。地不敢有其功名，必上之於天。命若從天氣者，故曰天風天雨也，莫曰地風地雨也。勤勞在地，名一歸於天，非至有義，其孰能行此？故下事上，如地事天也，可謂大忠矣。土者，火之子也。五行莫貴於土。土之於四時無所命者，不與火分功名。木名春，火名夏，金名秋，水名冬。忠臣之義，孝子之行，取之土。土者，五行最貴者也，其義不可以加矣。五聲莫貴於宫，五味莫美於甘，五色莫盛於黄，此謂孝者地之義也。」王曰：「善哉！」

【译文】

河间献王询问温城董君说：「《孝经》上说：『孝道，是天经地义的。』是什么意思？」董君回答说：「大自然存在五种物质，是木、火、土、金、水。木生火，火生土，土生金，金生水。水代表冬季，金代表秋季，土代表夏历六月，火代表夏季，木代表春季。春季主宰着万物的出生，夏季主宰着万物的成长，夏历六月主宰着万物的养成，秋季主宰着万物的收获，冬季主宰着万物的贮藏。贮藏是冬季所要完成的任务。因此父亲所生成的东西，他的孩子就要长成它；父亲所养育的东西，他的孩子就要抚养它；父亲所抚养的东西，他的孩子就要完成它。凡是父亲所做的，他的孩子必须都要接受下来而且继续做下去，不敢不实现父亲的意愿，这才是尽到做人的原则。所以五行，是仁、义、礼、智、信五种品行。由此看来，父亲授予它，儿子接受它，是上天的原则。所以说：孝是上天的根本。说的就是这个道理。」河间献王说：「好呀！上天的根本已经知晓了，希望听一听孝为大地的准则。」董君回答说：「大地生出云彩可以生成雨水，生成气可以变成风。刮风下雨，是地所生成的。大地不敢独占功绩和名声，一定向上归属于天。如从天

上往下来的，都叫做天风天雨，而不称做地风地雨。勤劳出自大地身上，功绩和名声归属于上天，不是达到至高的义理，谁能做到这样？所以下边侍奉上边，就好比大地侍奉上天，可以称为最大的忠诚。土是火之子，五行中没有什么比土更为可贵的。土在四季中没有命名的对象，也不与火分得功绩和名声。木称名春季，火称名夏季，金称名秋季，水称名冬季。忠臣的道义，孝子的行为，都从土那里取得。土是五行中最可贵的，它的道义不能再增加了。五声中没有比宫音更可贵的，五味中没有比甜味更美的，五色中没有比黄色更兴盛的，这就说明孝是大地的准则。」河间献王说：「很好呀！」

**【原文】**

# 卷十一

## 為人者天第四十一

爲生不能爲人，爲人者天也。人之人本於天，天亦人之曾祖父也。此人之所以乃上類天也。人之形體，化天數而成；人之血氣，化天志而仁；人之德行，化天理而義；人之好惡，化天之暖清；人之喜怒，化天之寒暑；人之受命，化天之四時。人生有喜怒哀樂之答，春秋冬夏之類也。喜，春之答也；怒，秋之答也；樂，夏之答也；哀，冬之答也。天之副在乎人。人之情性有由天者矣。故曰受，由天之號也。爲人主也，道莫明省身之天，如天出之也。使其出也，答天之出四時而必忠其受也，則堯舜之治無以加。是可生可殺，而不可使爲亂。故曰：「非道不行，非法不言。」此之謂也。

《傳》曰：唯天子受命於天，天下受命於天子，一國則受命於君。君命順，則民有順命；君命逆，則民有逆命。故曰：「一人有慶，兆民賴之。」此之謂也。

《傳》曰：政有三端：父子不親，則致其愛慈；大臣不和，則敬順其禮；百姓不安，則力其孝弟。孝弟者，所以安百姓也。力者，勉行之身以化之。天地之數，不能獨以寒暑成歲，必有春夏秋冬。聖人之道，不能獨以威勢成政，必有教化。故曰：先之以博愛，教以仁也；難得者，君子不貴，教以義也；雖天子必有尊也，教以孝也；必有先也，教以弟也。此威勢之不足獨恃，而教化之功不大乎？

《傳》曰：天生之，地載之，聖人教之。君者，民之心也；民者，君之體也。心之所好，體必安之；君之所好，民必從之。故君民者，貴孝弟而好禮義，重仁廉而輕財利，躬親職此於上，而萬民聽，生善於下矣。故曰：「先王見教之可以化民也。」此之謂也。

衣服容貌者，所以説目也；聲音應對者，所以説耳也；好惡去就者，所以説心也。故君子衣服中而容貌恭，則目説矣；言理應對遜，則耳説矣；好仁厚而惡淺薄，就善人而遠僻鄙，則心説矣。故曰：「行思可樂，容止可觀。」此之謂也。

【译文】

生育人的父母并不能成就人，成就人的是天。人之所以能够成为人是由于人源于天，所以说天也就是人的曾祖父，这就是人之所以与天相类的原因。人的形体，是天数变化而成的；人的血气，由天志的变化而成仁；人的德行，是由天理的变化而成义；人的好恶，是变化了天的暖清而形成的；人的喜怒，是天的寒暑的变化；人所受的天命，是天的四时的变化。人有喜怒哀乐，与天的春夏秋冬相类似。喜，是春季的体现；怒，是秋季的体现；乐，是夏季的体现；哀，是冬季的体现。天的体现在乎人，而人的性情，又是天所赋予的。所以说，天授命于人，人受命于天，是由上天的名号而来的。而作为国君，要了解大道，没有比通过省察自身中具有的天来得更彰明的了，他的所为就像获得了天的指命，因此他顺应天命去治国，就跟上天生出四季是相应的，如果能做到这样，那尧舜时期的贤明政治也不会比他的统治更好。对于臣子，可以让他活，也可以让他死，但决不能让他作乱。所以说：「不合乎道就无法实行，不合乎法的话不讲。」说的就是这个意思。

《传》中说：天子从天那里接受天命，而天下的诸侯又都是从天子那里接受君命，而一国国内的民众又从国君那里接受君命。国君顺乎天道，民众就顺从他的命令；国君违逆天道，民众也会违逆他的命令。所以古语说：「君主做了善事，人民都会依赖他。」说的就是这个意思。

《传》说：国家的政事一共有三件：父亲和孩子之间不亲近，就要使他们相互亲爱；众大臣不和睦，就要使他们相互尊敬顺从礼义；百姓的内心不安定，就要使他们努力履行孝悌。孝悌可以用来安定百姓。力是努力履行的意思，要以自己为表率来教化他们。天地的数运，不能仅以寒暑为一年，必须要有春夏秋冬。圣人治理民众，不能仅以权威和势力，一定要教化他们。所以说：以博爱为先，以仁来教育民众；君子不看重昂贵的东西，而是要以礼义来教导民众。即使贵为天子，也一定有他所尊敬的人（父母），也要用孝道来教导民众；一家当中有兄弟，也要用悌道来教导民众。不能只依靠权威和势力，教化的作用不是更大吗？

《传》说：天产生民众，地承载民众，圣人教导民众。所谓国君，是百姓的心；所谓百姓，是国君的肢体。心中所喜欢的东西，那么肢体必然会使之安定；国君所喜欢的，民众一定顺从。所以治理民众的人，应该要以孝悌之道为重并爱好礼义，以仁爱廉洁为重而以财物利益为轻，亲自躬行则民众就会信服，在民众当中就会产生出善。所以说：「先王发现教导百姓可以改变他们的风俗。」说的就是这个意思。

穿好看的衣服和打扮容貌，是为了使眼睛愉悦；让声音相互应和，是为了使耳朵愉悦；

亲近喜欢的而远离讨厌的，这可以使心灵获得快乐。所以有道德的人穿衣服适度而容貌恭敬，于是看到他的人眼睛就会感到快乐；说法合乎情理而又谦逊，那么听到他说话的人就会感到快乐；喜欢仁厚而讨厌浅薄，接近道德高尚的人而远离心灵狭隘的人，于是人们同他交往时，心里也会感到快乐。所以说：「行为和思想要能够使人产生快乐，容貌举止要能够使人乐于观赏。」说的就是这个意思。

## 五行之義第四十二

【原文】

天有五行：一曰木，二曰火，三曰土，四曰金，五曰水。木，五行之始也；水，五行之終也；土，五行之中也。此其天次之序也。木生火，火生土，土生金，金生水，水生木，此其父子也。木居左，金居右，火居前，水居後，土居中央，此其父子之序，相受而布。是故木受水，而火受木，土受火，金受土，水受金也。諸授之者，皆其父也；受之者，皆其子也。常因其父以使其子，天之道也。是故木已生而火養之，金已死而水藏之，火樂木而養以陽，水剋金而喪以陰，土之事火竭其忠。故五行者，乃孝子忠臣之行也。五行之爲言也，猶五行歟？是故以得辭也，聖人知之，故多其愛而少嚴，厚養生而謹送終，就天之制也。以子而迎成養，如火之樂木



也；喪父，如水之剋金也；事君，若土之敬天也。可謂有行人矣。五行之隨，各如其序；五行之官，各致其能。是故木居東方而主春氣，火居南方而主夏氣，金居西方而主秋氣，水居北方而主冬氣。是故木主生而金主殺，火主暑而水主寒，使人必以其序，官人必以其能，天之數也。土居中央，爲之天潤。土者，天之股肱也，其德茂美，不可名以一時之事，故五行而四時者。土兼之也。金木水火雖各職，不因土，方不立，若酸鹹辛苦之不因甘肥不能成味也。甘者，五味之本也；土者，五行之主也。五行之主土氣也，猶五味之有甘肥也，不得不成。是故聖人之行，莫貴於忠，土德之謂也。人官之大者，不名所職，相其是矣；天官之大者，不名所生，土是矣。

【译文】

天有五行：一是木，二是火，三是土，四是金，五是水。木是五行的开始；水是五行的结尾；土在五行的中间。这是上天排列的顺序。木生火，火生土，土生金，金生水，水生木，这是它们之间相生的关系。木位于东方，金位于西方，火位于南方，水位于北方，土位于中央，这是它们之间相生的顺序，相继的分布。所以木继水而火继木，土继火，金继土，水继金。各个生成他者的，类似于父亲的地位；各个继承他者的，类似于儿子的地位；天道就是经常通过父亲来

支使儿子。所以木生成火而火奉养木，金死而水埋藏金，火喜好木就以阴气丧失金，土服侍火就用尽全部的忠诚。所以五行是孝子忠臣的品德。五行作为一种学说，不正犹如五种品行吗？是因为这样而得名的。圣人了解这些，所以推崇仁爱又减少严厉，重视在父母生前很好地奉养，父母去世后庄重地处理丧事，这些都属于天道的规则。儿子迎持奉养父母，就如同火喜好木一样；失去父亲，如同水克金一样；服侍君主，如同土恭敬上天一样。可以说是有德行的人。五行的顺接，分别和它们的次序一样；五行的职能，各自显现它们的能力。所以木居于东方主春天的阳和之气，火居于南方主夏天的酷热之气，金居于西方主秋天的肃杀气，水居于北方主冬天的酷寒之气。因此木预示生长而金代表凋落，火预示炎热而水代表寒冷，命令人必定根据它们的次序，授以官职必须根据它们的能力，这是上天的规律。土居于中央，称为上天恩泽的地方，土是上天的得力之士，它的德行美好，不能用一季的事务来表明，所以五行而有四季。土兼有四季。金木水火虽然各有自己的职责，但没有土，不能成为四方，就像酸咸辛苦缺了甘就不能成为五味。甘是五味的根本；土是四方的主事。五行的根本是土，犹如五味中有甘，没有土就不能成就四方，没有甘就没有五味。所以圣人的品行，没有比忠诚更珍贵的，这是土的德行。人世间官职最大的，不能说它专门职掌什么，宰相就是这样；上天的官职中地位最高的，不能说它专门执掌什么，土就是这样。









## 陽尊陰卑第四十三

【原文】

天之大數，畢於十旬。旬天地之間，十而畢舉；旬生長之功，十而畢成。十者，天數之所止也。古之聖人，因天數之所止，以爲數紀。十如更始，民世世傳之，而不知省其所起。知省其所起，則見天數之所始；見天數之所始，則知貴賤逆順所在；知貴賤逆順所在，則天地之情著，聖人之寶出矣。是故陽氣以正月始出於地，生育長養於上。至其功必成也，而積十月。人亦十月而生，合於天數也。是故天道十月而成，人亦十月而成，合於天道也。故陽氣出於東北，入於西北，發於孟春，畢於孟冬，而物莫不應是。陽始出，物亦始出；陽方盛，物亦方盛；陽初衰，物亦初衰。物隨陽而出入，數隨陽而終始，三王之正隨陽而更起。以此見之，貴陽而賤陰也。故數日者，據晝而不據夜；數歲者，據陽而不據陰。陰不得達之義。是故《春秋》之於昏禮也，達宋公而不達紀侯之母。紀侯之母宜稱而不達，宋公不宜稱而達，達陽而不達陰，以天道制之也。丈夫雖賤皆爲陽，婦人雖貴皆爲陰。陰之中亦相爲陰，陽之中亦相爲陽。諸在上者皆爲其下陽，諸在下者皆爲其上陰。陰猶沈也，何名何有？皆并一於陽，昌力而

辭功。故出雲起雨，必令從之下，命之曰天雨。不敢有其所出，上善而下惡。惡者受之，善者不受。土若地，義之至也。是故《春秋》君不名惡，臣不名善，善皆歸於君，惡皆歸於臣。臣之義比於地，故爲人臣者，視地之事天也。爲人子者，視土之事火也。雖居中央，亦歲七十二日之王，傅於火以調和養長，然而弗名者，皆并功於火，火得以盛，不敢與父分功美，孝之至也。是故孝子之行，忠臣之義，皆法於地也。地事天也，猶下之事上也。地，天之合也，物無合會之義。是故推天地之精，運陰陽之類，以別順逆之理。安所加以不在？在上下，在大小，在彊弱，在賢不肖，在善惡。惡之屬盡爲陰，善之屬盡爲陽。陽爲德，陰爲刑。刑反德而順於德，亦權之類也。雖曰權，皆在權成。是故陽行於順，陰行於逆。逆行而順，順行而逆者，陰也。是故天以陰爲權，以陽爲經。陽出而南，陰出而北。經用於盛，權用於末。以此見天之顯經隱權，前德而後刑也。故曰：陽，天之德；陰，天之刑也。陽氣暖而陰氣寒，陽氣予而陰氣奪，陽氣仁而陰氣戾，陽氣寬而陰氣急，陽氣愛而陰氣惡，陽氣生而陰氣殺。是故陽常居實位而行於盛，陰常居空位而行於末。天之好仁而近，惡戾之變而遠，大德而小刑之意也。先經而後權，貴陽而賤陰也。故陰，夏入居下，不得任歲事，冬出居上，置之空處也。養長之時伏於下，遠去之，弗使得爲陽也。無事之時，起之空處，使之備次陳，守閉塞也。此皆天之近陽而遠陰，大德而小刑也。是故人主近天之所近，遠天之所遠，大天之所大，小天之所小。是故天數右陽而不右陰，務德而不務刑。刑之不可任以成世也，猶陰之不可任以成歲也。爲政而任刑，謂之逆天，非王道也。

【译文】

天最大的数目到十就穷尽了。天地间所有的事物，用十就可以概括； 事物的整个生长过程也可以用十来总结。十是上天数目的终结。过去的圣人，通过天数终止的数字，作为数目的准则。从十以后又开始新的一轮数字，老百姓世世代代相传下来，却不知道它的由来。明白了数字的由来，就知道天数的开始； 知道天数的开始，就明白贵贱和逆顺的根据； 明白贵贱逆顺的根据，天地的本性和圣人的本质就显现出来了。 所以阳气在正月开始从大地上产生，经过生长繁育的过程，到成熟的时候，需要十个月的时间。 人也是经过十个月才能出生，这是和天数相合的。 所以天道是十个月生成事物，人也是要十个月才生成，这也和天道是相符的。 所以阳气从东北产生，进入到西北，在初春萌发，而在初冬结束，万物没有不与之相应的。 阳气产生时，万物也开始产生； 阳气旺盛时，万物也达到旺盛； 阳气开始衰弱时，万物也开始衰弱。 万物随着阳气的出入而变化，数目随着阳气的盛衰而变化，三代的历法也是随着阳气的变化而更替。

由此可以证明，阳为贵而阴为贱。所以计算时日是根据白天而不是根据晚上；计算年月是根据阳气而不是根据阴气，这是阴气不能通达的缘故。因此《春秋》对于婚礼的事，记载宋共公派人到鲁国纳币，而不记载纪侯之母派人到鲁国迎亲，本来纪侯之母作为长辈主持婚事应当被称举，宋共公自己主持自己的婚礼，不应当被称举。可是结果却相反。因为《春秋》通达阳（宋共公）而不通达阴（纪侯之母），这是根据天道制定的缘故。男性即使低贱也属于阳，女性即使高贵也属于阴。阴气之中还相互生出阴气，阳气之中也相互生出阳气。在上位的对于下位的来说是阳，而在下位的对于上位来说是阴。阴的属性就如阴沉，哪来的名义和实有呢？都是从属于阳的，付出很多却不受功。所以乌云产生雨水，一定导致其向下，名之曰天下雨。在下的不敢有所产生，因为在上的是善而在下的是恶，恶者应当由在下的承受，而在上的不承受。土的属性如同大地，这是最高的道义。因此《春秋》对君主不称恶，而对大臣不称善，善的都归为君主，而恶的都归为大臣。为臣之道如同大地一样。所以做大臣的，要像大地侍奉上天一样侍奉君主；做儿子的，要像土侍奉火一样侍奉父亲。土虽然位居中央，并且主宰七十二日，靠近火以调和养长，然而无名，是将功劳都归为火的原因。火得以旺盛，是土不与其争夺功劳与美德，这才是最大的孝啊。所以孝子的德行，忠臣的大义，都是从效法大地中得来的。大地侍奉上天，就和在下位的服侍上位一样。大地，是和上天相合的，物则没有相合的大义。所以根据天地的精义和阴阳的标准，来区分顺逆的道理，哪里不体现这个道理呢？在上下、大小、强弱、贤不肖、善恶中都有体现。凡是恶的都属于阴，凡是善的都属于阳。阳表现为德政，而阴表现为刑罚。刑罚虽然与德政相对但却是它的辅助，这也是变通的情形。虽然说是变通，但目的却和原则是一致的。



因此阳气在顺境中运行，阴气在逆境中运行。逆行却顺和的是阳气，顺行而违逆的是阴气。所以上天用阴气作为变通而用阳气作为准则。阳气出现就向南方，阴气出现就向北方。准则用于常规情况，而变通用于特殊情况。由此可见上天显现恒定的准则而隐没变通的手段，先用德政而后用刑罚。所以说：阳气是上天的德政，阴气是上天的刑罚。阳气温暖而阴气寒冷，阳气给予而阴气剥夺，阳气仁爱而阴气暴戾，阳气宽和而阴气急躁，阳气可爱而阴气厌恶，阳气生长而阴气肃杀。因此阳气常居于实位而用于常规情况，阴气常居于虚位而用于变通的情况。上天喜欢仁爱并接近它，厌恶权变并疏远它，以德政为大而以刑罚为小。使经在权先，以阳为贵而以阴为贱。所以阴气在夏天就潜伏在下，不能充任年岁的事务。冬天居于上位，积聚在空虚之处。阴气在阳气生养长成之时潜伏于下，以远离阳气。在没有事的时候使其积聚在空虚之处，让它处在预备的行列，守护闭塞的地方。由此可见上天也是亲近阳气而疏远阴气，以德政为大而以刑罚为小。因此君主应当亲近上天所亲近的，而疏远上天所疏远的，和上天制定的法则保持一致。所以上天护佑阳而不护佑阴，致力于德而不致力于刑。刑罚不能作为治世的法则，就像阴气不能担任年岁的职责一样。治理国家而任用刑罚，被称为违背上天，不是王道的做法。

【原文】

## 王道通三第四十四

古之造文者，三畫而連其中，謂之王。三畫者，天地與人也，而連其中者，通其道也。取天地與人之中以爲貫而參通之，非王者孰能當是？是故王者唯天之施，施其時而成之，法其命而循之諸人，法其數而以起事，治其道而以出法，治其志而歸之於仁。仁之美者在於天。天，仁也。天覆育萬物，既化而生之，有養而成之，事功無已，終而復始，凡舉歸之以奉人，察於天之意，無窮極之仁也。人之受命於天也，取仁於天而仁也。是故人之受命天之尊，父兄子弟之親，有忠信慈惠之心，有禮義廉讓之行，有是非逆順之治，文理燦然而厚，知廣大有而博，唯人道爲可以參天。天常以愛利爲意，以養長爲事，春秋冬夏皆其用也。王者亦常以愛利天下爲意，以安樂一世爲事，好惡喜怒而備用也。然而主之好惡喜怒，乃天之春夏秋冬也，其俱暖清寒暑而以變化成功也。天出此物者，時則歲美，不時則歲惡。人主出此四者，義則世治，不義則世亂。是故治世與美歲同數，亂世與惡歲同數，以此見人理之副天道也。天有寒有暑，夫喜怒哀樂之發，與清暖寒暑，其實一貫也。喜氣爲暖而當春，怒氣爲清而當秋，樂氣爲太陽而當夏，哀氣爲太陰而當冬。四氣者，天與人所同有也，非人所能蓄也，故可節而不可止也。節之而順，止之而亂。人生於天，而取化於天。喜氣取諸春，樂氣取諸夏，怒氣取諸秋，哀氣取諸冬，四氣之心也。四肢之答各有處，如四時；寒暑不可移，若肢體；肢體移易其處，謂之壬人；寒暑移易其處，謂之敗歲；喜怒移易其處，謂之亂世。明王正喜以當春，正怒以當秋，正樂以當夏，正哀以當冬。上下法此，以取天之道。春氣愛，秋氣嚴，夏氣樂，冬氣哀。愛氣以生物，嚴氣以成功，樂氣以養生，哀氣以喪終，天之志也。是故春氣暖者，天之所以愛而生之；秋氣清者，天之所以嚴而成之；夏氣温者，天之所以樂而養之；冬氣寒者，天之所以哀而藏之。春主生，夏主養，秋主收，冬主藏。生溉其樂以養，死溉其哀以藏，爲人子者也。故四時之行，父子之道也；天地之志，君臣之義也；陰陽之理，聖人之法也。陰，刑氣也；陽，德氣也。陰始於秋，陽始於春。春之爲言，猶偆偆也；秋之爲言，猶湫湫也。偆偆者喜樂之貌也，湫湫者憂悲之狀也。是故春喜夏樂，秋憂冬悲，悲死而樂生。以夏養春，以冬藏秋，大人之志也。是故先愛而後嚴，樂生而哀終，天之當也。而人資諸天。天固有此，然而無所之，如其身而已矣。人主立於生殺之位，與天共持變化之

勢，物莫不應天化。天地之化如四時。所好之風出，則爲暖氣，而有生於俗；所惡之風出，則爲清氣，而有殺於俗。喜則爲暑氣，而有養長也，怒則爲寒氣，而有閉塞也。人主以好惡喜怒變習俗，而天以暖清寒暑化草木，喜怒時而當則歲美，不時而妄則歲惡，天地人主一也。然則人主之好惡喜怒，乃天之暖清寒暑也，不可不審其處而出也。當暑而寒，當寒而暑，必爲惡歲矣。人主當喜而怒，當怒而喜，必爲亂世矣。是故人主之大守，在於謹藏而禁內，使好惡喜怒必當義乃出，若暖清寒暑之必當其時乃發也。人主掌此而無失，使乃好惡喜怒未嘗差也，如春秋冬夏之未嘗過也，可謂參天矣。深藏此四者而勿使妄發，可謂天矣。

【译文】

古代创造文字的人，画三画而中间以一竖相连，称为王字。所谓三画，就是指天、地、人，而连在它们中间的，就是道。道取天、地、人三者之中而使之一贯，相互贯通，不是王谁能担当呢？所以说所谓的王，是天所施予的，取法于四时而使之成就，取法天命而在民众中施行，取法天数来做事，取法天道来治理，修治心志而归于仁爱。仁爱的美好在于它源于天。所谓天，就是仁爱。天生育万物，既化生它们，又养育而使它们成就，所以天的功绩是没有穷尽的，结束了又重新开始，循环不已。天下万物都是为了成就人，体察天的心意，那是无穷尽的仁爱。人从天那里接受天命，取法天的仁爱而仁爱，所以人接受的天命是最尊贵的，父子、兄弟的亲情，有忠心、信心、慈心、恩惠心，有礼义廉让的行为，有对是非逆顺的治理方法，条理清晰而又宽厚待人，知识宽博广大，只有人道可以与天贯通。天以仁爱和有利于他人为其立意，以生养培育为事，所以春夏秋冬都是天的功用所在。王也经常以仁爱和有利于天下民众为立意，以民众能够安居乐业为事，好恶喜怒都是王的治国方法和手段。然而王的好恶喜怒，就是天的春夏秋冬，具备温暖、清爽、寒冷、酷暑，以其相互的变化而成事。天产生四时的变化，适时变化就会有好的收成，不能适时变化就没有好的收成。王者四情的变化如果正当，社会就会安定，如果不正当，就会造成社会的动乱。所以社会的安定和丰年是同样的道理，社会不安定和凶年也是同样的道理，由此可见人道与天道的贯通。天有严寒和酷暑，而王的喜怒哀乐和天的清暖寒暑是一以贯之的。喜气为温暖而与春相符，怒气为清爽而与秋相符，乐气为纯阳而与夏相符，哀气为纯阴而与冬相符。这四种气，天和人都有，不是只有人具备，所以可以节制但不可以完全废止。节制它就可以一切顺遂，废止它则会产生动乱。人由天而生成，又效法于天。喜气是取法于春，乐气取法于夏，怒气取法于秋，哀气取法于冬，这是四气的真正内涵。人的四肢各如其位，就好像是四时；严寒和酷暑不能移动就好比四肢不能移动一样。四肢移动了位置，就称为妖人；寒暑移动了位置，就称为坏的年份；喜怒变动了位置，就称为乱世。圣明的君王端正喜气以适于春，端正怒气而适于秋，端正乐气而适于夏，端正哀气以适于冬，上下取法于天的大道。春气体现仁爱，秋气体

现严肃，夏气体现快乐，冬气体现悲哀。仁爱产生万物，严肃使之成就，快乐使其修养生长，悲哀体现在丧终的时候。这是天的志愿。所以春气为温暖，天就以仁爱而生育万物； 秋气清爽，天就以严肃而成就万物； 夏气温暖，天就以快乐而长养万物； 冬气寒冷，天就以悲哀而隐藏万物。春季为生育，夏季为长养，秋季为收敛，冬季为隐藏。生育而辅以快乐就能长养，死亡而辅以悲哀就能隐藏，这是为人子的道理。因此，四时的运行，就是父子间的道理； 天地的心志，就是君臣间的大义； 阴阳之理，就是圣人的法则。阴气主刑狱，阳气主德行。阴气开始于秋天，阳气开始于春天，春字念起来就好像蠢蠢欲动的意思。秋字念起来就好像湫湫而悲的意思。蠢蠢欲动是欢喜快乐的样子，湫湫而悲是忧愁悲哀的样子。所以春主欢喜、夏主快乐、秋主忧伤、冬主悲哀，对死悲哀对生欢乐。以夏气生养春气，以冬气来收储秋天之气，是士君子的志向。所以先仁爱而后严肃，生长时快乐而丧终时悲哀，是天的道理。而人取法于天，天是这样的，而又无处不在，就好像人自身一样。国君处在可以生杀的权位上，与天一起掌握世间变化的趋势，而万物没有不与天的变化相适应的。天地的变化就好像四时，所喜欢的就是暖气，有利于民众生育； 所厌恶的就是清气，使民众受到杀戮。快乐就成为暑气，所以民众得以长养； 愤怒则是寒气，所以民众会因此而闭塞。国君以自己的喜怒好恶来改变民风，而天以暖清寒暑四气来化育草木，喜怒的时机合适，就会有好年，随意乱为不能应时而动，就会有不好的年份，因为天、地、人是统一在一起的。国君的好恶喜怒，是天的暖清寒暑，如果不能做到时机合适，本该有暑气却



表现寒气，本该有寒气却表现暑气，这必带来坏的年份。国君应该欢乐的时候却发怒，应该发怒的时候却又欢喜，这必会带来社会的动乱。所以国君的最大职责在于谨慎退藏而禁止敛财，使好恶喜怒都能够正当地产生，就好像暖清寒暑四气必到一定的时候才能出现一样。国君把握好这一点不使之丧失，使自己的好恶喜怒不出现过错，就好像春夏秋冬没有出错过一样，就可以称之为与天贯通了。深藏这四气而不使它们胡乱产生，这就可以说是天道了。

【原文】

## 天容第四十五

天之道，有序而時，有度而節，變而有常，反而有相奉，微而至遠，踔而致精，一而少積蓄，廣而實，虛而盈。聖人視天而行。是故其禁而審好惡喜怒之處也，欲合諸天之非其時，不出暖清寒暑也； 其告之以政令而化風之清微也，欲合諸天之顛倒其一而以成歲也； 其羞淺末華虛而貴敦厚忠信也，欲合諸天之默然不言而功德積成也； 其不阿黨偏私而美汎愛兼利也，欲合諸天之所以成物者少霜而多露也。其內自省以是而外顯，不可以不時，人主有喜怒，不可以不時。可亦爲時，時亦爲義，喜怒以類合，其理一也。故義不義者，時之合類也，而喜怒乃寒暑之別氣也。

【译文】

天道的规律，有顺序而不违四季，有法度又有节制，有变化又有常规，相反又相成，微妙而能达到深远，高超而能达到精微，阴阳只能在同一时间出现一种，广大而且充实，虚空却很盈满。圣人根据上天的旨意而行动，因此他克制情绪而详细审察喜好、厌恶、高兴、发怒的原因，想要跟上天不合乎四时就不显露暖、清、寒、暑的美德相合；他用政令告诫人们，并且教化达到了细微之处，想要跟上天从不颠倒任一时序的美德相合；他以浅薄、虚华为耻辱而重视敦厚、忠诚、信用，想要跟上天从不言说而默默积成功业的美德相合；他不奉承偏袒同党而以广泛施爱、普遍施利为美，想要跟上天的少下寒霜、多降雨露以成就万物的美德相合。他发自内心省察，并由此向外部显露，不可以不合时宜，君主有喜怒，不可以不合适宜地发作出来。适宜也要符合时机，选择时机就是义，喜怒与同类的事物相合，这个道理是一样的。所以义与不义，与时机合适与否相类，而喜怒实际上就是寒暑的另一种气造成的。

【原文】

## 天辨在人第四十六

難者曰：陰陽之會，一歲再遇，遇於南方者以中夏，遇於北方者以中冬。冬，喪物之氣也，則其會於是何？如金木水火，各奉其所主，以從陰陽，相與一力而并功。其實非獨陰陽也，然而陰陽因之以起，助其所主。故少陽因木而起，助春之生也；太陽因火而起，助夏之養也；少陰因金而起，助秋之成也；太陰因水而起，助冬之藏也。陰雖與水并氣而合冬，其實不同，故水獨有喪而陰不與焉。是以陰陽會於中冬者，非其喪也。春，愛志也；夏，樂志也；秋，嚴志也；冬，哀志也。故愛而有嚴，樂而有哀，四時之則也。喜怒之禍，哀樂之義，不獨在人，亦在於天；而春夏之陽，秋冬之陰，不獨在天，亦在於人。人無春氣，何以博愛而容衆？人無秋氣，何以立嚴而成功？人無夏氣，何以盛養而樂生？人無冬氣，何以哀死而恤喪？天無喜氣，亦何以暖而春生育？天無怒氣，亦何以清而秋殺就？天無樂氣，亦何以疏陽而夏養長？天無哀氣，亦何以激陰而冬閉藏？故曰：天乃有喜怒哀樂之行，人亦有春秋冬夏之氣者，合類之謂也。匹夫雖賤，而可以見德刑之用矣。是故陰陽之行，終各六月，遠近同度，而所在異處。陰之行，春居東方，秋居西方，夏居空右，冬居空左，夏居空下，冬居空上，此陰之常處也。陽之行，春居上，冬居下，此陽之常處也。陰終歲四移，而陽常居實，非親陽而疏陰，任德而遠刑與？天之志，常置陰空處，稍取之以爲助。故刑者德之輔，陰者陽之助也，陽者歲之主也。天下之昆蟲隨陽而出入，天下之草木隨陽而生落，天下之三王隨陽而改正，天下之尊卑隨

陽而序位。幼者居陽之所少，老者居陽之所老，貴者居陽之所盛，賤者居陽之所衰。藏者，言其不得當陽。不當陽者，臣子是也；當陽者，君父是也。故人主南面，以陽爲位也。陽貴而陰賤，天之制也。禮之尚右，非尚陰也，敬老陽而尊成功也。

【译文】

问难者说：阴阳的交会，一年两次，在南方相遇的就是仲夏。在北方相遇的就是仲冬。冬天是万物衰亡之季，那么在冬天相会是怎样的呢？（我回答说：）如同金木水火各自代表相应的季节，都顺从阴阳之道，一起发挥它们的功用。其实并不仅仅是阴阳之用，然而阴阳因它而起，帮助其发挥作用。因此，如少阳，就是因木而起，帮助春天万物出生的；太阳，就是因火而起，帮助夏天万物成长的；少阴，就是因金而起，帮助万物成熟的；太阴，就是因水而起，帮助万物闭藏的。阴虽然与水合并气而成为冬天，其实二者是不同的。水有所丧而阴并没有所失。阴阳会于仲冬，并非有所丧失。春天是爱的心志，夏天是乐的心志，秋天是威严的心志，冬天是悲哀的心志。因此爱而又有威严，乐而又有悲哀，这是四时的法则。喜或怒的灾祸，哀或乐的大义，不仅仅在于人，也在于天。而春夏天的阳气、秋冬天的阴气，也不仅仅在于人，而在于天。人若没有春天之气，如何做到博爱而宽容？人若没有秋天之气，何以做到立威严而成功？人若没有夏天之气，何以做到养生？人若没有冬天之气，何以哀悼死者而吊问丧事？天如果没有喜之气，何以春天温暖而生育万物？天没有怒气，何以冬天清冷而万物肃杀？天如果没有乐气，何以能疏通阳气而在夏天使万物成长？天若没有哀气，何以能够在冬天使万物闭藏？因此说：天有喜怒哀乐之气，人也有春秋冬夏之气，这是合于一类而相通的。普通人也知道德、刑之用。因此阴、阳的运行，各自以六月为终，远近同一标准，而所在的位置不同。阴气运行之时，春天居于东方，秋天居于西方，夏天居于空右，冬天居于空左，夏居于空下，冬居于空上，这是阴气运行的常有位置。阳气运行之时，春天居于上位，冬天居于下位，这是阳气的常有位置。阴气在一年中四次移动位置，而阳气却总是居于不变的实处，这难道不是天亲近阳而疏远阴，重视德而远离刑罚的证明吗？天的意志，常将阴置于空处，然后在需要的时候才稍稍以阴为阳的辅助。因此刑罚是德政的辅助，阴是阳的辅助，阳是年岁的主宰。天下的昆虫跟随阳气而生死，天下的草木跟随阳气而生长和凋落，天下之三王（夏禹、商汤、周文王）跟随阳气而改正朔，天下之尊卑次序跟随阳气而定，年纪小的人居于阳气少的地方，年老的人居于阳气老的地方，尊贵者居于阳气盛的地方，卑贱者居于阳气衰微的地方，闭藏的意思是不能面对阳气，不能面对阳气的人，这就是臣与子。可以面对阳气的人，就是君与父。因此人主的座位就是面南背北，这是以阳为位，阳尊贵而阴低贱，这是上天定的制度。礼节里面以右为尊，并不是尊尚阴，而是敬老阳而尊尚成功的意思。

【原文】

## 卷十二

### 陰陽終始第四十八

天之道，終而復始。故北方者，天之所終始也，陰陽之所合别也。冬至之後，陰俛而西入，陽仰而東出，出入之處常相反也。多少調和之適，常相順也。有多而無溢，有少而無絶。春夏陽多而陰少，秋冬陽少而陰多，多少無常，未嘗不分而相散也。以出入相損益，以多少相溉濟也。多勝少者倍入。入者損一，而出者益二。天所起一，動而再倍，常乘反衡再登之勢，以就同類，與之相報，故其氣相俠，而以變化相輸也。春秋之中，陰陽之氣俱相併也。中春以生，中秋以殺。由此見之，天之所起其氣積，天之所廢其氣隨。故至春少陽東出就木，與之俱生；至夏太陽南出就火，與之俱煖。此非各就其類，而與之相起與？少陽就木，太陽就火，火木相稱，各就其正。此非正其倫與？至於秋時，少陰興而不得以秋從金，從金而傷火功，雖不得以從金，亦以秋出於東方，俛其處而適其事，以成歲功。此非權與？陰之行，固常居虚，而不得居實。至於冬而止空虚，太陽乃得北就其類，而與水起寒。是故天之道有倫、有經、有權。



【译文】

天道的规律就是终而复始。所以北方就是天道开始与结束的地方，是阴阳二气会合与分别之处。冬至之后，阴气渐渐减少并向西隐入，而阳气则渐渐增多而向东出现，出现和隐入的地方正好相反，两者差别的程度又能保持一致。有时多而又不过剩，有时少而又不断绝。春夏两季阳气多而阴气少，秋冬两季阴气多而阳气少，多少虽然不定，但从来不互相分散，总是根据对方增减的多少而进行互助。多胜少的就要增加两倍来进行补助。隐入的减少一倍，出现的就要增加两倍。上天如果出现什么，一经发动就是两倍的气，常乘着（就像人登车时）从后面一跃而上那样的气势，来接近同类，互通有无。因此阴阳二气是相通的，并以变化相互输送。春秋两季阴阳二气是互相匹敌的，在春分时候发生，在秋分的时候结束。由此可知，上天积极有为时阳气就积聚，而上天消极无为时阴气就相应积聚。所以春季的时候，少阳之气就从东方接近木而与木一起生长；夏季的时候，太阳之气就从南方接近火而与火一起发出暖热。这难道不是各自接近同类而与它一起发生吗？少阳接近木，太阳接近火，火木彼此相称，各自接近正确的位置，这难道不是匡正它们的次序吗？到秋季，少阴之气兴起但又不能使秋从于金，若从于金就会伤害火的功用，虽然不能够从于金，也因秋天是从东方显现，俯身居于其地而适应自己，以完成年岁的功用。这不正是变通吗？阴气运行，必然常常居于空虚而不得实位，到达冬季便停止在空虚的位置，太阴之气便向北接近它的同类水，而与水一起产生寒冷。所以，天道有次序，有准则，有

变通。

【原文】

## 暖燠常多第五十二

天之道，出陽爲暖以生之，出陰爲清以成之。是故非薰也不能有育，非溧也不能有熟，歲之精也。知心而不省薰與溧孰多者，用之必與天戾。與天戾，雖勞不成。是自正月至於十月，而天之功畢。計其間，陰與陽各居幾何，薰與溧其日孰多。距物之初生，至其畢成，露與霜其下孰倍。故從中春至於秋，氣温柔和調。及季秋九月，陰乃始多於陽，天於是時出溧下霜。出溧下霜，而天降物固已皆成矣。故九月者，天之功大究於是月也，十月而悉畢。故案其跡，數其實，清溧之日少少耳。功已畢成之後，陰乃大出。天之成功也，少陰與而太陰不與，少陰在内而太陰在外。故霜加於物，而雪加於空，空者亶地而已，不逮物也。功已畢成之後，物未復生之前，太陰之所當出也。雖曰陰，亦以太陽資化其位，而不知所受之。故聖王在上位，天覆地載，風令雨施。雨施者，布德均也；風令者，言令直也。《詩》云：「不識不知，順帝之則。」言弗能知識，而效天之所爲云爾。禹水湯旱，非常經也，適遭世氣之變，而陰陽失平。堯視民如子，民視堯如父母。《尚書》曰：「二十有八載，放勳乃殂落，百姓如喪考妣。四海之内，閼密八音三年。」三年陽氣厭於陰，陰氣大興，此禹所以有水名也。桀，天下之殘賊也；湯，天下之盛德也。天下除殘賊而得盛德大善者再，是重陽也，故湯有旱之名。皆適遭之變，非禹湯之過。毋以適遭之變疑平生之常，則所守不失，則正道益明。

【译文】

上天的规律，是阳气上升带来和暖并促使万物生长，阴气出现带来清爽并促使万物成熟。因此没有和暖也就不能有万物的生育，没有寒冷也就不能有万物的成熟，这就是年岁的精气。若修治内心而不知道省察和暖与寒冷哪一个更多一些，采用它一定会与上天相背离。与上天相背离，即使辛劳也不能成功。从正月到十月，上天的功业完成。考虑这中间，阴气与阳气各自占据多少，和暖与寒冷它们的时日哪一个更多。从万物的刚刚出生，到达它的成熟，雨露和寒霜它们哪一种加倍多。所以从中春到秋季，气温和暖调和。到晚秋九月，阴气才开始多于阳气，上天在这个时候出现寒冷、降下寒霜，而上天所降生的万物就已经成熟了。因此九月，是上天的功绩大部分完成的月份，到十月便都已完成。因此考察它的踪迹，计量它的事实，清爽、寒冷交会的时间已经很少了。功绩已经完成后，阴气才全部出现。上天成就功业，初始的阴气出现而极盛的阳气不出现，初始的阴气在内部而极盛的阳气在外部。所以寒霜降落在万物上面，而雪降落

在空地上面，空的只是大地罢了，不涉及万物。功绩已全部完成后，万物没有重新生出之前，极盛的阴气应该出现了。虽说是叫做阴气，这也要借助极盛的阳气不断影响变化自己的位置，却不知道是受谁的影响。所以圣明的君王在君上之位，如同上天覆盖，大地承载，大风驱使，雨水施与。雨水施与，分布恩德均匀；大风驱使，是说让他正直。《诗经》上说："不识古，不知今，只知道效仿上天的作为去做。"大禹时代发生大水，商汤时代发生大旱，不是正常的规律，是恰巧遭遇社会风气的变化，而导致阴阳二气失去平衡。尧对待百姓如同对待自己的孩子一样，百姓对待尧如同对待自己的父母一样。《尚书》上说："历经二十八年，尧才死去。百姓好比丧失了父母一样。普天之下，停止音乐、娱乐三年。"三年之中阳气被阴气压制，阴气盛行，这就是大禹所以有治水之名的缘故。夏桀，是天下人轻视的暴君；商汤，是天下人认为有盛德的贤君。天下铲除贼寇并得到有盛德的贤君两位，引起阳气过重，因此商汤时候发生了大旱。大禹、商汤都是正巧遭遇这种变故，不是大禹、商汤的过错。不要用偶然的变化来怀疑平生所遵守的正常规律，那么所持守的立场就不会失掉，正确的原则就会越来越彰显。

## 基義第五十三

【原文】

凡物必有合。合，必有上，必有下，必有左，必有右，必有前，必有後，必有表，必有裹。有美必有惡，有順必有逆，有喜必有怒，有寒必有暑，有晝必有夜，此皆其合也。陰者陽之合，妻者夫之合，子者父之合，臣者君之合。物莫無合，而合各有陰陽。陽兼於陰，陰兼於陽，夫兼於妻，妻兼於夫，父兼於子，子兼於父，君兼於臣，臣兼於君。君臣、父子、夫婦之義，皆取諸陰陽之道。君爲陽，臣爲陰；父爲陽，子爲陰；夫爲陽，妻爲陰。陰道無所獨行。其始也不得專起，其終也不得分功，有所兼之義。是故臣兼功於君，子兼功於父，妻兼功於夫，陰兼功於陽，地兼功於天。舉而上者，抑而下也；有屏而左也，有引而右也；有親而任也，有疏而遠也；有欲日益也，有欲日損也，益其用而損其妨。有時損少而益多，有時損多而益少。少而不至絶，多而不至溢。陰陽二物，終歲各壹出。壹其出，遠近同度而不同意。陽之出也，常縣於前而任事；陰之出也，常縣於後而守空處。此見天之親陽而疏陰，任德而不任刑也。是故仁義制度之數，盡取之天。天爲君而覆露之，地爲臣而持載之；陽爲夫而生之，陰爲婦而助之；春爲父而生之，夏爲子而養之，秋爲死而棺之，冬爲痛而喪之。王道之三綱，可求於天。天出陽，爲暖以生之；地出陰，爲清以成之。不暖不生，不清不成。然而計其多少之分，則暖暑居百而清寒居一。德教之與刑罰猶此也。故聖人多其愛而少其嚴，厚其德而簡其刑，以此配天。天之

大數必有十旬。旬，天地之數，十而畢舉；旬，生長之功，十而畢成。天之氣徐，乍寒乍暑，故寒不凍，暑不暍，以其有餘徐來，不暴卒也。《易》曰：「履霜堅冰」，蓋言遜也。然則上堅不踰等，果是天之所爲，弗作而成也。人之所爲，亦當弗作而極也。凡有興者，稍稍上之，以遜順往，使人心説而安之，無使人心恐。故曰：君子以人治人，懂能願。此之謂也。聖人之道，同諸天地，蕩諸四海，變易習俗。

【译文】

万物一定有与它相匹配的。相配，必有上，必有下，必有左，必有右，必有前，必有后，必有表，必有里。有美就必有恶，有顺就必有逆，有喜必有怒，有寒必定有暑，有昼必定有夜，这些都是它们的匹对。阴气是阳气的匹对，妻是夫的匹对，子是父的匹对，臣是君的匹对。万物没有不与它匹配的，而相合之物则必有一阴一阳。阳气兼有阴气，阴气兼有阳气；丈夫兼有妻子，妻子兼有丈夫；父亲兼有儿子，儿子兼有父亲；国君兼有臣下，臣下兼有国君。君臣、父子、夫妇的意义，都取法于阴阳的道理。国君为阳，臣下为阴；父亲为阳，儿子为阴；丈夫为阳，妻子为阴。阴气的法则没有独自行为的，它的开始不能单独产生，它的结束也不能分得功劳，只是有兼得的含义。所以臣下兼有君主的功绩，儿子兼有父亲的功绩，妻子兼有丈夫的功绩，阴气兼有阳气的功绩，大地兼有上天的功绩。举起就向上，按压就向下，有屏障就向左，有牵引就向右，有亲近的就任用，有疏远的就离开。有的需要不断增益，有的需要不断减损，增益它的功用而减少它的损害。有时候减损少而增益多，有时候减损多而增益少。少但不至于灭绝，多但不至于溢出。阴阳二物，一年里都各自出现，出现其中的一种，远近的尺度相同意义却不同。阳气出现，常常位于前面而且担当大任；阴气出现，常常位于后面而保守空虚。由此可见上天亲近阳气而疏远阴气，使用德行而不使用刑法。所以仁义制度的法则，都是取法于上天的。上天为国君庇护滋润，大地为臣下操持承载；阳气为男子长养，阴气为女子扶助；春天为父亲而生长，夏天为儿子而养成，秋天为死亡而入殓，冬天为痛惜而伤悼。王道的三纲，可求得于上天。上天滋生阳气为温暖的以生长万物，大地滋生阴气为清爽的以成熟万物。不温暖就不能生长，不清爽就不能成熟。然而计算它们多少的分别，则温暖暑热是清爽寒冷的百倍。德行教化与刑罚的比例也应如此。所以圣人多施与他的仁爱而减少苛责，推崇恩德而减缓刑罚，以此来和上天相匹配。上天的气数，必定不超过十。这是天地的法则，到十就全部显现；这是成长的功绩，到十就全部完成。上天之气徐行缓慢，不会忽冷忽热，所以，严寒但不会冻结，炎热但不会伤暑，因为上天之气是徐行而至，不会突然终止。《易》说「履霜坚冰」，大概说的就是顺其自然。然则上天坚定且不超越次序，果真是天的作为，不用人为就可完成。人的所为，也应当是不作为而能达到极致。凡是出现的事物，逐渐提倡，顺应次序进行，使得人们内心愉悦安详，不让百姓内心惊慌。所以说，君子用人来治理人，谨慎而且诚实，就是这个意思。圣人的原则，和天地相同，涤荡四

海，改变旧的风俗习惯。

【原文】

## 卷十三

### 四時之副第五十五

天之道，春暖以生，夏暑以養，秋清以殺，冬寒以藏。暖暑清寒，異氣而同功，皆天之所以成歲也。聖人副天之所行以爲政，故以慶副暖而當春，以賞副暑而當夏，以罰副清而當秋，以刑副寒而當冬。慶賞罰刑，異事而同功，皆王者之所以成德也。慶賞罰刑與春夏秋冬，以類相應也，如合符。故曰王者配天，謂其道。天有四時，王有四政，四政若四時，通類也，天人所同有也。慶爲春，賞爲夏，罰爲秋，刑爲冬。慶賞罰刑之不可不具也，如春夏秋冬不可不備也。慶賞罰刑，當其處不可不發，若暖暑清寒，當其時不可不出也。慶賞罰刑各有正處，如春夏秋冬各有時也。四政者，不可以相干也，猶四時不可相干也。四政者，不可以易處也，猶四時不可易處也。故慶賞罰刑有不行於其正處者，《春秋》譏也。

【译文】

天之道表现在春天温暖生成万物，夏天暑热生长万物，秋天清冷万物凋落，冬天寒冷万物隐匿。温暖、暑热、清爽、寒冷，不同的气候有着相同的功劳，它们都是上天用以成就一年时节的。圣人顺应上天的行为来治理政事，因此赐福符合温暖就当在春季，奖赏符合暑热适逢夏季，惩罚符合凄清当值秋季，刑杀符合寒冷对应着冬季。祝福、奖赏、惩罚、刑杀，不同的事情却有相同的功用，都是君王用来成就德行的办法。祝福、奖赏、惩罚、刑杀和春夏秋冬，因同类而相互应和，如同合符一般。所以说王者与天相匹配，这就是所谓的道。上天有春夏秋冬四季，君王有庆赏罚刑四政。四政犹如四季，它们是普遍和相通的，是上天和人类共同拥有的。赐福是春天，奖赏是夏天，惩罚是秋天，刑杀是冬天。赐福、奖赏、惩罚、刑杀不可以不具备，如同春夏秋冬不可不齐备。庆赏罚刑，正当它们的位置时不可以不发生，就像暖暑清寒，正当它们的时节不可以不出现；庆赏罚刑各有正确的位置，如同春夏秋冬各有它们的时节。庆赏刑罚，不可以相互牵涉，如同春夏秋冬不可以相互干扰；四政不可以改变位置，就像四时不可以改换时节。所以，实行庆赏奖罚时有不适当的，《春秋》就讥讽它。

【原文】

### 人副天數第五十六

天德施，地德化，人德義。天氣上，地氣下，人氣在其間。春生夏長，百物以興；秋殺冬收，百物以藏。故莫精於氣，莫富於地，莫神於天。天地之精所以生物者，莫貴於人。人受命乎天也，故超然有以倚。物疢疾莫

能爲仁義，唯人獨能爲仁義；物疢疾莫能偶天地，唯人獨能偶天地。人有三百六十節，偶天之數也；形體骨肉，偶地之厚也。上有耳目聰明，日月之象也；體有空竅理脈，川谷之象也；心有哀樂喜怒，神氣之類也。觀人之體一，何高物之甚，而類於天也。物旁折取天之陰陽以生活耳，而人乃爛然有其文理。是故凡物之形，莫不伏從旁折天地而行，人獨題直立端尚，正正當之。是故所取天地少者，旁折之；所取天地多者，正當之。此見人之絶於物而參天地。是故人之身，首妢而員，象天容也；髮，象星辰也；耳目戾戾，象日月也；鼻口呼吸，象風氣也；胸中達知，象神明也，腹胞實虚，象百物也。百物者最近地，故要以下，地也。天地之象，以要爲帶。頸以上者，精神尊嚴，明天類之狀也；頸而下者，豐厚卑辱，土壤之比也。足布而方，地形之象也。是故禮，帶置紳必直其頸，以别心也。帶而上者盡爲陽，帶而下者盡爲陰，各其分。陽，天氣也；陰，地氣也。故陰陽之動，使人足病，喉痹起，則地氣上爲雲雨，而象亦應之也。天地之符，陰陽之副，常設於身，身猶天也，數與之相參，故命與之相連也。天以終歲之數，成人之身，故小節三百六十六，副日數也；大節十二分，副月數也；内有五藏，副五行數也；外有四肢，副四時數也；乍視乍瞑，副晝夜也；乍剛乍柔，副冬夏也；乍哀乍樂，副陰陽也；心有計慮，副度數也；行有倫理，副天地也。此皆暗膚著身，與人俱生，比而偶之弇合。於其可數也，副數；不可數者，副類。皆當同而副天，一也。是故陳其有形以著其無形者，拘其可數以著其不可數者。以此言道之亦宜以類相應，猶其形也，以數相中也。

【译文】

上天的德行是给予，大地的德行是化育，人的德行是仁义。天之气在上，地之气在下，人之气在天地之间。春天出生，夏天生长，万物得以兴旺；秋天凋落，冬天收藏，万物得以保存。所以，没有什么比元气更精粹，没有什么比地更富足，没有什么比天更神奇。天地之精华所产生的万物，没有什么比人更高贵。人承受天命，所以超然有高出万物之处。万物的缺陷在于不能施行仁义，只有人可以施行仁义；万物的短处在于不能和天相匹配，只有人可以与天地相匹配。人有三百六十个骨节，和上天的数目相配；形体骨肉，和大地的深厚相配；上有灵敏的听觉视觉，是太阳和月亮的象征；身体有孔窍血脉，是河流山谷的象征；心有喜怒哀乐，与神奇的元气同类。细看人的身体，高出万物何其之甚，与天同类。万物只是从旁侧吸收阴阳二气得以产生和存在罢了，而人则光彩璀璨有自己的条理，所以万物的形态，莫不是伏地或侧身行走，唯独只有人抬头挺立端正，直面天地，侧身行走的（动物）取得天地之气就少，直面正对天地的

（人）取得天地之气就多，这表现了人超越万物，与天地相匹配。所以人的身体，头部突出而浑圆，效法天的容貌；头发效法星辰；耳目分明，效法日月；口鼻呼吸，效法风和气；胸中有通达之智，效法神灵的英明；腹中的充实和空虚，效法万物；万物是最接近地的，所以腰部以下象征着地。天地的象征，以腰为分界。腰部以上的，精气庄重威严，是和上天同类的形态；腰部以下，丰厚卑微，与土地相比并；脚铺开为方形，是地面形状的象征。所以按照礼仪，腰带上配置绅带，一定要使其颈部挺直，以分别内心。腰部以上的都为阳，腰部以下的都为阴，各有它们的分别。阳为上天之气，阴为地中之气。所以阴阳的发动，使人的脚得病，喉咙发炎，大地之气上升化为云和雨，人体的表象也与之呼应。天地的符契，阴阳的匹配，在人的身体上常常有表现，身体如同上天一样，数目和上天相匹配，所以命相也和天地相关联。上天以一年的数目造就人的身体，所以小的骨节有三百六十六个，和一年中的日数相符；大的骨节有十二个，和一年中的月数相符；体内有五脏，和五行数相称；体外有四肢，和四季数相称；忽而睁开忽而闭上眼睛，符合白天和黑夜；忽而刚健忽而柔和，符合冬季和夏季；忽而哀痛忽而快乐，符合阴阳二气；心中有计议谋虑，符合上天的谋算计划；行为有人伦道德，符合天尊地卑的道理。这些都暗自附在人身上，生来就有的，和天地比附并吻合，其中可以计数的，符合上天的数目；不可以计数的，符合上天的类别。它们都是一样比配上天的，天和人是同一的。所以陈列有形的东西以显示无形的东西，取得可计数的以显露其不可计数的。以此说来，帝王之道也应当是











同类相应，犹如人的身体，以数目和上天相符合。

## 同類相動第五十七

【原文】

今平地注水，去燥就溼，均薪施火，去溼就燥。百物去其所與異，而從其所與同，故氣同則會，聲比則應，其驗皦然也。試調琴瑟而錯之，鼓其宮則他宮應之，鼓其商而他商應之，五音比而自鳴，非有神，其數然也。美事召美類，惡事召惡類，類之相應而起也。如馬鳴則馬應之，牛鳴則牛應之。帝王之將興也，其美祥亦先見；其將亡也，妖孽亦先見。物故以類相召也，故以龍致雨，以扇逐暑，軍之所處以棘楚。美惡皆有從來，以爲命，莫知其處所。天將陰雨，人之病故爲之先動，是陰相應而起也。天將欲陰雨，又使人欲睡卧者，陰氣也。有憂亦使人卧者，是陰相求也；有喜者，使人不欲卧者，是陽相索也。水得夜益長數分，東風而酒湛溢，病者至夜而疾益甚，鷄至幾明，皆鳴而相薄，其氣益精。故陽益陽而陰益陰，陰陽之氣，因可以類相益損也。天有陰陽，人亦有陰陽。天地之陰氣起，而人之陰氣應之而起，人之陰氣起，而天地之陰氣亦宜應之而起，其道一也。明於此者，欲致雨則動陰以起陰，欲止雨則動陽以起陽，故致雨非神也。而

疑於神者，其理微妙也。非獨陰陽之氣可以類進退也，雖不祥禍福所從生，亦由是也。無非已先起之，而物以類應之而動者也。故聰明聖神，內視反聽，言爲明聖，內視反聽，故獨明聖者知其本心皆在此耳。故琴瑟報彈其宮，他宮自鳴而應之，此物之以類動者也。其動以聲而無形，人不見其動之形，則謂之自鳴也，又相動無形，則謂之自然，其實非自然也，有使之然者矣。物固有實使之，其使之無形。《尚書大傳》言：「周將興之時，有大赤鳥銜穀之種，而集王屋之上者，武王喜，諸大夫皆喜。周公曰：『茂哉！茂哉！天之見此以勸之也。』」恐恃之。

【译文】

向平地上浇水，水会避开干燥的地方而流向潮湿的地方；均匀地铺好干柴然后点火，火会避开湿润的地方而燃向干燥的地方。万物都会远离与自己不同的种类，跟随与自己相同的类别。所以气相同就会和，声音相接近就呼应，这个效验是十分明显的。试着调好琴瑟并弹奏，敲它的宫调其他的宫调就会呼应，敲商调则其他的商调就会呼应，五音相近就可以自己鸣奏，不是有什么鬼神，它的规律即是如此。美好的事物招来美好的同类，丑恶的事物招来丑恶的同类，这是同类相互呼应而产生的，如同马鸣就会有马呼应，牛叫就会有牛呼应。帝王将要出现，他的美好的征兆也会先显现；帝王将要亡故，则反常的灾异也会先出现。事物本来就是同类相呼应的。所以用龙来招雨，用扇子来驱除酷暑，军队驻扎的地方会生有荆棘。美丑是非都有来源，人们以为是天命，这是不知道它的处所。天将要阴天下雨，人的病痛痼疾在下雨之前就已显露，是阴气相互呼应产生的；天将要下雨，又让人想要睡觉躺卧的，是因为阴气；有忧虑，也使人想要卧床的，是阴气的要求；有喜事，使人不想卧床，是阳气的要求；水在夜里会增溢一些，东风到来清酒就盈满；生病的人到了夜间，病痛会更加严重；鸡到黎明时都啼鸣起来，叫声此起彼伏，这种阳气就更加纯粹。所以阳气增益阳气，阴气增益阴气，阴阳之气可以因类别而相互增益减损。天有阴阳二气，人也有阴阳二气。天地的阴气出现，人的阴气呼应它而出现，人的阴气出现，天地之阴气也会回应它而出现，它们的道理是一样的。明白这个道理的人，想要招雨就发动阴气以产生阴气，想要制止下雨就发动阳气以产生阳气，所以说招雨不是因为鬼神，看起来似乎是因为鬼神，是由于其中的道理极为精妙。不仅阴阳之气可以类推前后，就连吉凶祸福的产生，也是这样的。无非是自己先起头，万物以同类相应而发生，所以机敏睿智的圣人神明，反省自己的言行，听取别人的意见，言论明白事理通达，反省纳善，因此只有明达圣哲的人知道自己的天性皆在于此。弹奏琴瑟的宫调，别的宫调自己鸣奏来呼应它，这是万物因同类而相应，这种呼应是用声音而没有形迹的，人们看不到它的行迹，就称为自鸣。又因为相互作用而不露行迹，就说它是自己这样的，其实不是它自己这样，是有别物致使它这样。每一事物都会有同类事物驱动它，这是无踪迹的。《尚书大传》说：「周朝将要兴盛的时候，有一只红色的大鸟，衔着

谷物的种子，栖息在周王房屋的上面，周武王很高兴，诸位大夫也都很高兴。周公说：『振作呀！振作呀！上天显现这些是为了鼓励我们。』这是说要有戒惧之心。

## 五行相生第五十八

【原文】

天地之氣，合而爲一，分爲陰陽，判爲四時，列爲五行。行者行也，其行不同，故謂之五行。五行者，五官也，比相生而間相勝也。故爲治，逆之則亂，順之則治。

東方者木，農之本。司農尚仁，進經術之士，道之以帝王之路，將順其美，匡捄其惡。執規而生，至温潤下，知地形肥磽美惡，立事生則，因地之宜，召公是也。親入南畝之中，觀民墾草發淄，耕種五穀，積蓄有餘，家給人足，倉庫充實。司馬實穀。司馬，本朝也。本朝者火也，故曰木生火。

南方者火也，本朝。司馬尚智，進賢聖之士，上知天文，其形兆未見，其萌芽未生，昭然獨見存亡之機，得失之要，治亂之源，豫禁未然之前，執矩而長，至忠厚仁，輔翼其君，周公是也。成王幼弱，周公相，誅管叔蔡叔，以定天下。天下既寧以安君。官者，司營也。司營者土也，故曰火生土。

中央者土，君官也。司營尚信，卑身賤體，夙興夜寐，稱述往古，以厲主意。明見成敗，微諫納善，防滅其惡，絶源塞隟，執繩而制四方，至忠厚信，以事其君，據義割恩，太公是也。應天因時之化，威武强禦以成。大理者，司徒也。司徒者金也，故曰土生金。

西方者金，大理司徒也。司徒尚義，臣死君而衆人死父。親有尊卑，位有上下，各死其事，事不踰矩，執權而伐。兵不苟克，取不苟得，義而後行，至廉而威，質直剛毅，子胥是也。伐有罪，討不義，是以百姓附親，邊境安寧，寇賊不發，邑無獄訟，則親安。執法者，司寇也。司寇者，水也，故曰金生水。

北方者水，執法司寇也。司寇尚禮，君臣有位，長幼有序，朝廷有爵，鄉黨以齒，升降揖讓，般伏拜謁，折旋中矩，立而罄折，拱則抱鼓，執衡而藏，至清廉平，賂遺不受，請謁不聽，據法聽訟，無有所阿，孔子是也。爲魯司寇，斷獄屯屯，與衆共之，不敢自專。是死者不恨，生者不怨，百工維時，以成器械。器械既成，以給司農。司農者，田官也。田官者木，故曰水生木。

【译文】

天地之气，融合成为一体，分开之后就成为阳气和阴气，划分为四季，分为五行。行，就是品行的意思。品行不同，所以称之为五种品行。五行具有五种职能，为五官，临近的两行相互助

长，间隔的两行相互克制。所以进行统治，违背五行就会动荡，顺从五行就会安定。

东方属木，是农业的根本。司农尊崇仁义，进荐精通经学的人，用帝王之道来引导国君，顺从君主正确的行为，纠正他的过失。执掌规圆以生长作物，到温暖湿润的时节下到民间，考察地物地貌的肥沃或贫瘠，好或不好，依据各地的具体情况，建功立业拟定法则，召公就是这样的人。他亲自下到农田之中，考察百姓开垦荒地的情况，耕耘种植五谷，积聚贮存剩余的粮食，粮仓军库都有富足。司马有充实的作物。司马是朝廷的官职，朝廷属火之性，因此说木能生火。

南方属火，是朝廷的属性。司马尊崇才智，进谏有才能和德行的人，上知天文，上天的征兆还没有出现，事物还没有开始发生，就能清楚地洞见事物存亡的关键，成败利弊的要点，安定动乱的源头，在还没有成为事实前就预先制止，执掌方矩以助长朝政，极为忠厚仁义，辅佐他的君主，周公就是这样。成王幼小，周公辅助他，惩戒管叔、蔡叔，平定了天下。天下就安宁无事了。官吏是司营，司营属土，所以说火生土。

中央属土，是君官。司营尊尚诚信，简约勤苦，早起晚睡，引证历史，来鼓励君主的意志。高明的识见事情的成功失败，婉约地进谏并接纳善言，防止恶行的发生，杜绝它产生的源头，堵塞它产生的漏洞，执掌法绳治理天下，极为忠厚诚信，用来服侍他的君主，依据大义弃绝私恩，太公就是这样的。顺应天命因循时代的变化，威力强大而成就王业。大理是司徒。司徒属金，所以说土生金。

西方属金，是大理司徒。司徒崇尚正义，臣子为国君效死，一般人为父亲而拼命。亲近有尊卑，地位有上下，各自为职位而尽力，做事不逾越规矩，掌握权力声讨征伐。不轻易发兵克敌，不随便获取战利品，理由正当才去行动，格外廉洁和威严，质朴正直刚强坚毅，伍子胥就是这样的人。讨伐有罪的，声讨不义的，所以百姓归依亲附，边境安宁，盗匪敌寇不出现，国内没有诉事讼案，人民亲近、安定。执掌法规的人是司寇。司寇属水，所以说金生水。

北方属水，是执掌法律的司寇。司寇崇尚仪礼，君臣有尊卑，长幼有顺序，朝廷有爵位高低，乡亲按年龄排序，上前后退、宾主相见的礼仪，屈身向下、拜访谒见，行礼时的动作都要合乎标准，站立时曲恭如磬，敛手如同抱鼓，执掌权衡而又隐匿自身，特别清廉公正，赠送的财物绝不接受，请求谒告绝不依从，依据法律听理诉讼，没有偏袒庇护之处，孔子就是这样的人。作为鲁国司寇，审理案件诚恳谨慎，和大家一起判决，不敢擅自专断。所以被处死的人不仇恨，活着的人也不怨愤，各种工匠都按时工作，从而制造出工具武器。器械完成之后，供给司农。司农是农官。农官属木，所以说水生木。

【原文】

## 五行相勝第五十九

木者，司農也。司農爲姦，朋黨比周，以蔽主明，退匿賢士，絶滅公卿，教民奢侈，賓客交通，不勸田事，博戲鬬鷄，走狗弄馬，長幼無禮，大小相

虜，並爲寇賊，横恣絶理。司徒誅之，齊桓是也。行霸任兵，侵蔡，蔡潰，遂伐楚，楚人降伏，以安中國。木者，君之官也。夫木者農也，農者民也，不順如叛，則命司徒誅其率正矣，故曰金勝木。

火者，司馬也。司馬爲讒，反言易辭以譖愬人，内離骨肉之親，外疏忠臣，賢聖旋亡，讒邪日昌，魯上大夫季孫是也。專權擅政，薄國威德，反以怠惡，譖愬其賢臣，劫惑其君。孔子爲魯司寇，據義行法，季孫自消，墮費郈城，兵甲有差。夫火者，大朝，有邪讒熒惑其君，執法誅之。執法者水也，故曰水勝火。

土者，君之官也。其相司營。司營爲神，主所爲皆曰可，主所言皆曰善，諂順主指，聽從爲比。進主所善，以快主意，導主以邪，陷主不義。大爲宫室，多爲臺榭，雕文刻鏤，五色成光。賦斂無度，以奪民財；多發繇役，以奪民時，作事無極，以奪民力。百姓愁苦，叛去其國，楚靈王是也。作乾谿之臺，三年不成，百姓罷弊而叛，及其身弑。夫土者，君之官也。君大奢侈，過度失禮，民叛矣。其民叛，其君窮矣。故曰木勝土。

金者，司徒也。司徒爲賊，内得於君，外驕軍士，專權擅勢，誅殺無罪，侵伐暴虐，攻戰妄取，令不行，禁不止，將率不親，士卒不使，兵弱地削，令



君有恥，則司馬誅之，楚殺其司徒得臣是也。得臣數戰破敵，内得於君，驕蹇不卹其下，卒不爲使，當敵而弱，以危楚國，司馬誅之。金者，司徒，司徒弱，不能使士衆，則司馬誅之，故曰火勝金。

水者，司寇也。司寇爲亂，足恭小謹，巧言令色，聽謁受賂，阿黨不平，慢令急誅，誅殺無罪，則司營誅之，營蕩是也。爲齊司寇。太公封於齊，問焉以治國之要，營蕩對曰：「任仁義而已。」太公曰：「任仁義奈何？」營蕩對曰：「仁者愛人，義者尊老。」太公曰：「愛人尊老奈何？」營蕩對曰：「愛人者，有子不食其力；尊老者，妻長而夫拜之。」太公曰：「寡人欲以仁義治齊，今子以仁義亂齊，寡人立而誅之，以定齊國。」夫水者，執法司寇也。執法附黨不平，依法刑人，則司營誅之，故曰土勝水。

【译文】

司农属五行之木。如果司农做了坏事，结党营私，就会蒙蔽国君的视听，使有贤能的人隐退，使公卿绝灭，百姓变得奢侈，使宾客私相来往，不勉励百姓从事耕作而爱好赌博、斗鸡、赛狗、跑马，长幼没有礼数，大小之间互相掳掠，一起成为贼寇，放纵蛮横，灭绝事理。司徒诛责他们，齐桓公的相管仲就是这样的人。凭借着军事实力实行霸道，攻打蔡国，结果蔡国溃败，又攻打楚国，楚国也降伏，中原因此得到了安定。木是国君之相的官职。木代表了农业，从事农业的都是

老百姓，不顺从就如同叛逆一般，就应该命令司徒问罪于他们的首领。这就叫做金胜木。

司马属五行之火。如果司马制造谗言，用坏话来诬陷别人，那么对内则会离间骨肉的亲情，对外则会疏远忠臣。于是贤士就会逃走，而谗言坏事就会一天天增加，鲁国的上大夫季孙氏就是这样的人。独揽大权和朝政，使国家的权威受损，反而构陷贤臣，胁迫迷惑国君。孔子担任鲁国司寇，按照义的要求来行使法令，季孙氏的力量就削弱了，自毁了费城、郈城，大夫按照等级拥有武备。火是朝廷所属之性，有人惑乱本朝国君，司寇就应该用大法来诛灭他。执法的人就是水，所以说水胜火。

国君的官职属五行之土，他的国相是司营。司营是佞人，国君做任何事都赞成，国君所说的话都称善，阿谀奉承国君的想法，纵容、偏袒他的同党，进献国君喜欢的东西，使国君高兴，用坏话引导国君，使国君陷于不义之地。大规模地修建宫殿，造了很多台榭，并在建筑上雕刻花纹、镂空，使得建筑五光十色。赋敛没有限度，以便掠夺百姓的财物；过多地征发徭役，便使得百姓错过了务农的时节，做事没有极限，夺取了百姓的劳力。百姓愁苦，背离自己的国家，楚灵王就是这样的人。修造乾谿台，三年没有修成，百姓疲惫不堪而背叛楚灵王，直到灵王自己被杀。土是国君的官职，君主特别奢侈，过度失礼，百姓就背叛了。百姓背叛，他们的国君就困穷了。所以说木胜土。

司徒属五行之金。司徒肆意妄为，对内得势于君，在外面对军士骄横。独揽大权，屠杀无罪之





民，对外侵伐别国，暴虐对待百姓，随意攻击强取，因此他的法令没有人执行，他的禁令也没有人遵守，将帅之间不团结，士卒之间不服从，结果军力越来越弱，领土被削弱，使国君受到羞辱，司马应该诛杀这样的司徒，楚国杀掉它的司徒得臣就是这样的例子。得臣好几次打败敌人，在国内得到君的信任，于是骄横不体恤部下，士兵不为他效命，面对强敌势单力薄，而使楚国遭受危险，于是司马诛杀了他。司徒属五行之金，如果司徒软弱，不能命令士兵，司马就可以诛灭他。所以说是火胜金。

司寇属五行之水。司寇作乱，表面谦恭，内心虚伪，说着巧妙的言辞，装出和善的态度，接受贿赂，偏袒私党，轻慢命令，只会诛杀无罪的人，司营惩处这种行为，营荡就是这样的人。营荡任齐国司寇。太公被封在齐国，向他问治国之大道，营荡回答道：「仁义就可以了。」太公又说：「使用仁义又会怎么样呢？」营荡回答道：「仁就是爱人，义就是尊敬老人。」太公问：「爱人、尊敬老人又会怎么样呢？」营荡回答道：「爱人，就是不靠自己的儿子养活，尊敬老人，就是妻子年长丈夫也要向她行礼。」太公说：「我想要用仁义来治理国家，可是你以仁义惑乱齐国，我现在就要杀了你，以安定齐国。」执法的司寇属五行之水。如果执法偏袒私党就不公平，利用刑法惩治人，司营就可以诛灭他，所以说土胜木。

**【原文】**

## 治水五行第六十一

日冬至，七十二日木用事，其氣燥濁而青。七十二日火用事，其氣惨

陽而赤。七十二日土用事，其氣溼濁而黃。七十二日金用事，其氣慘淡而白。七十二日水用事，其氣清寒而黑。七十二日復得木。木用事，則行柔惠，挺羣禁。至於立春，出輕繫，去稽留，除桎梏，開門闔，通障塞，存幼孤，矜寡獨，無伐木。火用事，則正封疆，循田疇。至於立夏，舉賢良，封有德，賞有功，出使四方，無縱火。土用事，則養長老，存幼孤，矜寡獨，賜孝弟，施恩澤，無興土功。金用事，則脩城郭，繕牆垣，審羣禁，飭甲兵，警百官，誅不法，存長老，無焚金石。水用事，則閉門閭，大搜索，斷刑罰，執當罪，飭關梁，禁外徙，無決隄。

【译文】

冬至日七十二日之后，五行之中木主事，气燥浊而呈现出蓝色。七十二日之后火主事，气炎热而呈现红色。七十二日之后土主事，其气潮湿浑浊而显现为黄色。七十二日之后金主事，其气暗淡而显现为白色。七十二日之后水主事，其气清朗寒冷显为黑色。其后七十二日，又是木主事。木主事，则施行平和仁慈的安抚政策，放宽各种禁令。到了立春，释放罪轻的囚犯，去除刑具，打开门扇，打通阻碍，关心幼小的孤儿，怜悯没有配偶和子女的老年人，不采伐林木。火主事，就划定疆界，巡视农田。到了立夏，荐举才德兼具的人，封爵位给有德行的人，赏赐有功之人，派遣使臣出使四方诸国，不要放火。土主事，则奉养年长的老人，养育幼小的孤儿，怜悯没有配偶和子女的人，赏赐孝悌之人，施以恩惠，不要大兴土木。金主事，则修筑城墙，修补墙壁，考察各种禁令，整顿铠甲兵械，警示百官，诛杀违法之人，存养年长的老人，不焚烧金玉。水主事，就关闭城门与里门，进行搜查，判决刑罚，捉拿罚当其罪之人，修整关口和桥梁，禁止迁徙，不要决开河流的堤防。

# 卷十四

## 五行變救第六十三

【原文】

五行變至，當救之以德，施之天下，則咎除。不救以德，不出三年，天當雨石。木有變，春凋秋榮，秋木冰，春多雨。此繇役衆，賦斂重，百姓貧窮叛去，道多饑人。救之者，省繇役，薄賦斂，出倉穀，振困窮矣。火有變，冬溫夏寒。此王者不明，善者不賞，惡者不絀，不肖在位，賢者伏匿，則寒暑失序，而民疾疫。救之者，舉賢良，賞有功，封有德。土有變，大風至，五穀傷。此不信仁賢，不敬父兄，淫泆無度，宮室榮。救之者，省宮室，去雕文，舉孝悌，恤黎元。金有變，畢昴爲回，三覆有武，多兵，多盜寇。此棄義貪財，輕民命，重貨賂，百姓趣利，多姦軌。救之者，舉廉潔，立正直，隱武行文，束甲械。水有變，冬溼多霧，春夏雨雹。此法令緩，刑罰不行。救之

者，憂囹圄，案姦宄，誅有罪，蒐五日。

【译文】

五行发生变异时，应当用德政救助它，再把德政布施天下，灾害就消除了。若不用德政来补救，不超过三年，上天就会落下陨石来惩罚。木发生变异时，春季凋零而秋季开花，秋季树木结冰，春季雨水泛滥。这是因为徭役繁重，赋税太多，百姓贫穷背离家园，道路上多有饥荒的人。补救的办法是，简省徭役，减少赋税，抽出国库里的粮食，救助困苦贫穷的人们。火发生变异时，冬季温暖夏季寒冷。这是因为君主不贤明，对好人不奖赏，对作恶的不罢免，让不贤德的人在职位上当政，贤良的人隐退，就会使寒冷暑热失去正常的次序，百姓多发生疾病瘟疫。补救的办法就是，推举贤能，奖赏有功的人，授予有德行的人称号。土发生变异时，大风就会到来，五谷受到伤害。这是因为不信任仁德贤良的人，不尊敬父亲兄长，荒淫无度，宫室盛多。补救的办法就是，简省宫室，除去雕饰彩绘，推行孝悌，体恤百姓。金发生变异时，天上的毕宿、昴宿回复变化，多次相覆盖，有战事发生，多战乱，多贼寇。这是因为放弃正义，贪图财物，轻视百姓的生命，看重财货贿赂，百姓只知道追求利益，多有犯法作乱的人。补救的办法就是，厉行廉洁的风气，树立正直的德行，消弭战事，推行文治，收起铠甲兵器。水发生变异时，冬季潮湿多雾，春夏多雨水冰雹。这是因为法令宽缓，刑罚不能执行。补救的办法是，关心牢狱之事，审查犯法作乱的人，诛罚有罪的人，对他们搜查五天。



【原文】

## 五行五事第六十四

王者與臣無禮，貌不肅敬，則木不曲直，而夏多暴風。風者，木之氣也，其音角也，故應之以暴風。王者言不從，則金不從革，而秋多霹靂。霹靂者，金氣也，其音商也，故應之以霹靂。王者視不明，則火不炎上，而秋多電。電者，火氣也，其音徵也，故應之以電。王者聽不聰，則水不潤下，而春夏多暴雨。雨者，水氣也，其音羽也，故應之以暴雨。王者心不能容，則稼穡不成，而秋多雷。雷者，土氣也，其音宮也，故應之以雷。

五事：一曰貌，二曰言，三曰視，四曰聽，五曰思。何謂也？夫五事者，人之所受命於天也，而王者所脩而治民也。故王者爲民，治則不可以不明，準繩不可以不正。王者貌曰恭，恭者敬也。言曰從，從者可從。視曰明，明者知賢不肖，分明黑白也。聽曰聰，聰者能聞事而審其意也。思曰容，容者言無不容。恭作肅，從作乂，明作哲，聰作謀，容作聖。何謂也？恭作肅，言王者誠能內有恭敬之姿，而天下莫不肅矣。從作乂，言王者言可從，明正從行而天下治矣。明作哲，哲者知也，王者明則賢者進，不肖者退，天下知善而勸之，知惡而恥之矣。聰作謀，謀者謀事也，王者聰則

聞事與臣下謀之，故事無失謀矣。容作聖，聖者設也，王者心寬大無不容，則聖能施設，事各得其宜也。

王者能敬，則肅，肅則春氣得，故肅者主春。春陽氣微，萬物柔易，移弱可化，於時陰氣爲賊，故王者欽。欽不以議陰事，然後萬物遂生，而木可曲直也。春行秋政，則草木凋；行冬政，則雪；行夏政，則殺。春失政則……

王者能治，則義立，義立則秋氣得，故乂者主秋。秋氣始殺，王者行小刑罰，民不犯則禮義成。於時陽氣爲賊，故王者輔以官牧之事，然後萬物成熟。秋草木不榮華，金從革也。秋行春政，則華；行夏政，則喬；行冬政，則落。秋失政，則春大風不解，雷不發聲。

王者能知，則知善惡，知善惡則夏氣得，故哲者主夏。夏陽氣始盛，萬物兆長，王者不揜明，則道不退塞。而夏至之後，大暑隆，萬物茂育懷任，王者恐明不知賢不肖，分明白黑。於時寒爲賊，故王者輔以賞賜之事，然後夏草木不霜，火炎上也。夏行春政，則風；行秋政，則水；行冬政，則落。夏失政，則冬不凍冰，五穀不藏，大寒不解。

王者無失謀，然後冬氣得，故謀者主冬。冬陰氣始盛，草木必死，王者能聞事，審謀慮之，則不侵伐。不侵伐且殺，則死者不恨，生者不怨。冬日至之後，大寒降，萬物藏於下。於時暑爲賊，故王者輔之以急斷之事，以水潤下也。冬行春政，則蒸；行夏政，則雷；行秋政，則旱。冬失政，則夏草木不實。霜，五穀疾枯。

【译文】

国君对臣子没有礼遇，外表不肃敬，树木就不能曲直成材，夏天就经常会有暴风出现。所谓风，就是木的气，属于五音之角，所以暴风与之相应。君主的言论不能使人顺从，金属就不能任人改变形状，秋天就会多雷雨。所谓雷雨，就是金的气，它属于五音之商，所以雷雨与之相应。君主的眼光不好，火就不能正常地向上燃烧，秋季就会多闪电。所谓闪电，就是火的气，它属于五音中的徵，所以闪电与之相应。君王的听觉不好，水就不能往下润泽，春夏两季就多下暴雨。所谓雨，就是水的气，属于五音之羽，所以暴雨与之相应。君王的内心不够宽容，庄稼就不能有收成，秋季就会多雷声。所谓雷，就是土的气，属于五音的中宫，所以雷声与之相应。

（对君主来说）五件事就是：一是容貌，二是言谈，三是眼光，四是听力，五是思考。这是什么意思呢？原来这五件事，是人从天所接受的天命，是君主用来修身并治理民众的。所以国君治理民众，治理的方法和原则不能不使民众明白，治理不可以不端正。国君的容貌应该是恭敬的，恭谨就是持有敬心。言谈应该是和顺的，和顺就是具有信服力。眼光就是明察，明察就是

知道贤能与否。听力就是能够明辨是非，明辨是非就能有计谋。思虑应该是宽容的，宽容的意思就是说没有什么不能容纳。恭敬可以达到肃（肃敬），和顺可以达到乂（治理），明察可以达到哲（智慧），听察可以达到谋（谋划），宽容可以达到圣（圣明）。这是什么意思呢？恭敬可以达到肃，是说国君如果有恭敬之心，天下就没有对他不肃敬的。和顺可以达到乂，是说国君的言论可以和顺的话，那么臣子顺从国君的意思行事就可以使天下太平。明察可以达到哲，哲也就是明智。国君能够明察，贤能的人就可辅助国君治国，而没有什么能力的官员则会退出，那么天下的民众知道是善就会努力从善，知道是恶就以此恶事为耻辱。辨听明察可以达到谋，是说国君明察是非，遇到事情就会和臣子们一起谋划商议，所以办事就不会出现失误。宽容又可以达到圣，所谓圣，就是施设。国君心地宽大无所不能容纳，圣明有所作为，他施设任何事情都能得到合适的结果。

国君能够恭敬，就会达到严肃，而严肃就能得到春气，所以严肃主于春。春季的时候阳气微弱，万物柔弱容易移动，是因为柔弱易于变化。这个时候阴气经常作乱，所以国君就很重视，不讨论实施那些属阴之事（如刑罚、用兵等），然后万物便得以生长，而木也可曲可直了。春季施行秋季的政令，那么草木就会凋零；施行冬天的政令，天上就会下雪；施行夏季的政令，万物就会逐渐衰落。春季失去自身政令的标准就会……

国君善于治国，正义就会确立起来，正义确立就得到了秋气，所以正义主于秋。在秋天，阳气开始渐渐衰落，国君采用一些轻的刑罚，使民众不触犯，成就了社会的礼义。这个时候阳气经常作乱，所以国君采用处理各种政府和地方事务的方法来提高自己，然后万物得以成熟。秋天的草木既不结实也不开花，这体现了金从革的属性。如果秋季施行春季的政令，草木就会开花；如果施行夏季的政令，草木就会枯槁；如果施行冬天的政令，草木就会衰落。秋季不理政事，到了春天的时候就会经常有大风，打雷但没有声音。



如果国君有智慧，就能分辨善恶，分辨善恶就得到了夏气，所以明智主于夏。到了夏天，阳气开始兴盛，万物快速地生长，国君不掩盖自己的智慧，大道就不会闭塞。到了夏至日以后，真正炎热的时候到来，万物兴盛并孕育自己的后代，而这时国君担心自己不知道贤能与不肖者是谁，于是就要辨明是非好坏。在这个时候，寒气就会成为灾害，所以这时的国君应该用赏赐的办法来辅助自己。夏天的草木上不会结有冰霜，是因为火炎上的道理。如果在夏季施行春天的政令，天上就会有风；如果实行秋季的政令，地面上就会有洪水；如果实行冬天的政令，草木枝叶就会凋落。如果夏季失去自己的政令，那么到了冬天河流就不结冰，五谷也不退藏，天气就会长期保持严寒。

如果国君的思虑没有疏漏，就能得到冬气，所以思虑代表冬天。到了冬天，阴气开始盛行，各种草木都要死亡。君王善于听事，并对之进行细心谋划，就不会有侵略和征伐。如果没有侵伐和杀戮，那么死去的人就不会感到遗憾，而活着的人也就不怨恨。到了冬至日以后，真正的寒

冷到来，万物藏身在大地的下面。在这个时候，暑热就会成为灾害，所以国君应该以果断辅助自己，这是水润下的属性。如果在冬季施行春季的政令，那么阳气就会上升；如果施行夏季的政令，那么天上就会有雷；如果施行秋季的政令，大地就会干旱。冬天的政令有误，等到了夏天，草木就不结果实，还会下霜，五谷将会很快干枯。

【原文】

# 卷十五

## 郊義第六十六

郊義，《春秋》之法，王者歲一祭天於郊，四祭於宗廟。宗廟因於四時之易，郊因於新歲之初，聖人有以起之，其以祭不可不親也。天者，百神之君也，王者之所最尊也。以最尊天之故，故易始歲更紀，即以其初郊。郊必以正月上辛者，言以所最尊，首一歲之事。每更紀者以郊，郊祭首之，先貴之義，尊天之道也。

【译文】

郊祭的大义是这样的：按照《春秋》制定的大法，天子每年一次祭天于郊外，四次祭祀于宗庙。宗庙祭祀的时间在四季交替之时，郊祭则选择在岁初新年之时。圣人制定这样的规矩是有原因的，他在祭祀之时是不可不亲自主持的。天，是百神的君长，是王者所最尊的，因为尊天的缘故，每年要更改历数，这就是郊祭的含义。郊祭必须在正月上旬辛日这一天举行，这是表明人最尊敬的是天，所以把祭天放在一年之首举行。每次更变纪年的时候要在郊外举行郊祭，这是尊贵的意思，是尊天之道。

【原文】

## 郊祭第六十七

《春秋》之義，國有大喪者，止宗廟之祭，而不止郊祭，不敢以父母之喪，廢事天地之禮也。父母之喪，至哀痛悲苦也，尚不敢廢郊也，孰足以廢郊者？故其在禮，亦曰：「喪者不祭，唯祭天爲越喪而行事。」夫古之畏敬天而重天郊，如此甚也。今羣臣學士不探察，曰：「萬民多貧，或頗饑寒，足郊乎？」是何言之誤！天子父母事天，而子孫畜萬民。民未徧飽，無用祭天者，是猶子孫未得食，無用食父母也。言莫逆於是，是其去禮遠也。先貴而後賤，孰貴於天子？天子號天之子也。奈何受爲天子之號，而無天子之禮？天子不可不祭天也，無異人之不可以不食父。爲人子而不事父者，天下莫能以爲可。今爲天之子而不事天，何以異是？是故天子每至歲首，必先郊祭以享天，乃敢爲地，行子禮也；每將興師，必先郊祭以告天，乃敢征伐，行子道也。文王受天命而王天下，先郊乃敢行事，而

興師伐崇。其《詩》曰：「芃芃棫樸，薪之槱之。濟濟辟王，左右趨之。濟濟辟王，左右奉璋。奉璋峩峩，髦士攸宜。」此郊辭也。其下曰：「淠彼涇舟，烝徒檝之。周王於邁，六師及之。」此伐辭也。其下曰：「文王受命，有此武功，既伐於崇，作邑於豐。」以此辭者，見文王受命則郊，郊乃伐崇。伐崇之時，民何處央乎？

【译文】

《春秋》的大义是，国家有大丧的时候，停止宗庙之祭，而不停止郊祭。（新国君）不敢以父母之丧而废除天地之祭。父母之丧是至痛之事，尚且不敢以此而废郊祭，那么世上还有什么足以废郊祭的呢？因此在礼中有这样的说法：有丧事的人不祭祀，但祭天是越丧而行事的。古人敬畏天，重视祭天到了这样的程度啊！今天大臣和学士们不去探究事实，而是说：「老百姓很穷，饥寒交迫，国家哪有能力去举行郊祭啊？」这句话是很大的错误！天子像侍奉父母那样事天，像蓄养子孙那样养育万民。那种说人民吃不饱饭就不用祭天的说法，就好比子孙还没有吃饭，就不让父母进食是一个道理。没有比这更谬误的了，这离真正的礼很远。做事应该尊贵者优先，低贱者随后，天下人中谁比天子还尊贵呢？天子号称是上天之子，为什么受了天子的名号，却没有行天子之礼？天子不可以不祭天，这跟人不可以不侍奉父母进食是一样的。身为人子，却不侍奉父母的人，天下没有人会认为他是对的。作为天子而不事天，和这个有区别吗？

因此天子每到了岁首的时候，一定要先郊祭以事天，其后才敢祭地，这是行使人子之礼；每到了要征伐的时候，一定要先郊祭以向上天祷告，才敢出兵，这是行使人子之道。周文王受命而为天下之王，先进行郊祭才敢行事，出兵攻伐崇国。《诗经》说：「茂密的棫朴啊，砍下来，堆起它。英武的君王啊，左右跟随走向前。英武的君王，左右手捧美玉璋。玉璋多巍峨，左右皆俊才。」这是郊祭之辞。下面又说道：「舟儿泾河开，众人一起划桨来。君王走前头，六师跟在后。」这是出征时候的祭词。下面说：「文王受命，拥有了这武功，既然打下了崇国，就在丰地建了城。」这几句诗可见文王受天命而举行郊祭，郊祭之后文王讨伐崇国的事，怎么能从中看出人民把伐崇之事作为自己的灾殃呢？

【原文】

## 四祭第六十八

古者歲四祭。四祭者，因四時之所生孰，而祭其先祖父母也。故春曰祠，夏曰礿，秋曰嘗，冬曰蒸。此言不失其時，以奉祭先祖也。過時不祭，則失爲人子之道也。祠者，以正月始食韭也；礿者，以四月食麥也；嘗者，以七月嘗黍稷也；蒸者，以十月進初稻也。此天之經也，地之義也。孝子孝婦，緣天之時，因地之利。地之菜茹瓜果，藝之稻麥黍稷，菜生穀熟，永思吉日，供具祭物，齋戒沐浴，潔清致敬，祀其先祖父母。孝子孝婦

不使時過，已處之以愛敬，行之以恭讓，亦殆免於罪矣。

已受命而王，必先祭天，乃行王事，文王之伐崇是也。《詩》曰：「濟濟辟王，左右奉璋。奉璋峩峩，髦士攸宜。」此文王之郊也。其下之辭曰：「淠彼涇舟，烝徒檝之。周王於邁，六師及之。」此文王之伐崇也。上言奉璋，下言伐崇，以是見文王之先郊而後伐也。文王受命則郊，郊乃伐崇。崇國之民，方困於暴亂之君，未得被聖人德澤，而文王已郊矣。安在德澤未洽者不可以郊乎？

【译文】

古代的时候每年祭祀四次：这四次祭祀是依四季所生之物的品种、生熟来祭祀国君的先祖父母的。春天的祭祀叫做祠，夏天的祭祀叫做礿，秋天的祭祀叫做尝，冬天的祭祀叫做蒸，这种说法的用意是要不错过时序来祭祀先祖。如果错过了时节没有祭祀，这就丧失了人子之道了。祠祭是在正月刚开始吃韭菜的时候，礿祭是在四月食麦的时候，尝祭是在七月初尝黍稷的时候，蒸祭是在十月稻子熟的时候，这是天经地义的事情。孝顺的子孙依据天时，凭借地利，种植蔬菜瓜果、稻麦黍稷，当蔬菜新鲜，稻谷已熟，选择吉日，献出祭品，斋戒沐浴，洁清自己，致敬于神，以祭祀他们的先祖父母。孝顺的子孙不会失时于天，他们以爱敬的心对待它，以恭让的心行动，这大概就能免罪了。

周文王受命而为天下之王，先进行郊祭，然后才出兵攻伐崇国。《诗经》说：「茂密的棫朴啊，砍下来，堆起它。英武的君王啊，左右跟随走向前。英武的君王，左右手捧美玉璋，玉璋多巍峨，左右皆俊才。」这是郊祭之辞。下面又说道：「舟儿泾河开，众人一起划桨来。君王走前头，六师跟在后。」这是出征崇国时候的祭词。上句言奉璋，下句言伐崇，从中可见文王是先举行郊祭，其后才行征伐的。文王受天命而攻伐崇国，崇国之民正困于暴君的统治，还没有蒙受圣人之德的润泽，而文王就举行了郊祭。为何说国君的恩德未施及百姓之时就不可以举行郊祭呢？

【原文】

## 郊祀第六十九

周宣王時，天下旱，歲惡甚，王憂之。其《詩》曰：「倬彼云漢，昭回於天。王曰嗚呼！何辜今之人？天降喪亂，饑饉薦臻。靡神不舉，靡愛斯牲。圭璧既卒，寧莫我聽。旱既太甚，蘊隆蟲蟲。不殄禋祀，自郊徂宫。上下奠瘞，靡神不宗。後稷不克，上帝不臨。耗射下土，寧丁我躬。」宣王自以爲不能乎後稷，不中乎上帝，故有此災。有此災，愈恐懼而謹事天。天若不予是家，是家者安得立爲天子？立爲天子者，天予是家。天予是家者，天使是家。天使是家者，是家天之所予也，天之所使也。天已予之，天已使之，其間不可以接天何哉？故《春秋》凡譏郊，未嘗譏君德不成於

郊也。乃不郊而祭山川，失祭之敍，逆於禮，故必譏之。以此觀之，不祭天者，乃不可祭小神也。郊因先卜，不吉不敢郊。百神之祭不卜，而郊獨卜，郊祭最大也。《春秋》譏喪祭，不譏喪郊，郊不辟喪，喪尚不辟，況他物。郊祝曰：「皇皇上天，照臨下土。集地之靈，降甘風雨。庶物羣生，各得其所。靡今靡古，維予一人某敬拜皇天之祜。」夫不自爲言，而爲庶物羣生言，以人心庶天無尤焉。天無尤焉，而辭恭順，宜可喜也。右郊祀九句。九句者，陽數也。

【译文】

周宣王的时候，天下大旱，没有收成，王很担忧。《诗经》说：「明亮的银河啊，在天空回转。我王祷告说，百姓有何罪！老天降下灾难，饥荒频至。没有不祭遍众神，也没有吝啬祭牲。祭祀的美玉也用过了，但是上天不听我的祷告！旱情这么严重，大地蒸炎，我不废弃祭祀，从郊外回到王宫。上下无不求祷，无神不告，祖先不来享用祭品，上天也不降临，若要惩罚人间，都降在我一身吧！」宣王自以为不能致意于祖先后稷，不被上天所喜，因此有此灾祸。既有此灾，他愈发心中恐惧而谨慎事天。上天如果不喜欢周王之家，周文王怎么能够立为天子？能够被立为天子，就是说明上天喜欢他。上天喜欢他，就让他成为天子。天既然喜欢他，又让他成为天子，那为什么祭天的时候不能上通于天呢？因此《春秋》每次在讥刺郊祭的时候，不是在讥刺君主郊祭之礼不成，而是讥刺他们不举行郊祭而先祭祀山川，失去了祭祀的次序，这是违背礼制的。因此才讥刺他们。以此来看的话，不祭天的意思是不可以祭祀小神。举行郊祭之前先要卜筮，如果结果不吉的话，就不敢进行。祭祀百神的时候不用占卜，唯独郊祭的时候占卜，这说明郊祭是最重要的祭祀。《春秋》讥刺丧祭，而不讥刺郊祭。举行郊祭不避开丧事，丧事尚且不避，何况其他事呢。郊祭的祝词说：「光明的上天，照临在大地上，集合大地之灵气，普降甘霖，万物群生各得其所，不论是古代还是今天，此刻我一人，祭拜上天的赐福。」这祝词不为自己求福，而是为万物群生代言，以人心希望上天不要责怪。天不责怪，祝词恭顺，这真是可喜啊！以上是郊祭祝词，共九句。之所以是九句，也是因为所取的是阳数。



【原文】

## 郊事對第七十一

廷尉臣湯昧死言：臣湯承制，以郊事問故膠西相仲舒。臣仲舒對曰：「所聞古者天子之禮，莫重於郊。郊常以正月上辛者，所以先百神而最居前。禮，三年喪，不祭其先，而不敢廢郊。郊重於宗廟，天尊於人也。《王制》曰：『祭天地之牛繭栗，宗廟之牛握，賓客之牛尺。』此言德滋美而牲滋微也。《春秋》曰：『魯祭周公，用白牡。』色白貴純也。帝牲在滌三月，牲貴肥潔，而不貪其大也。凡養牲之道，務在肥潔而已。駒犢未能勝

芻豢之食，莫如令食其母便。」臣湯謹問仲舒：「魯祀周公用白牡，非禮也？」臣仲舒對曰：「禮也。」臣湯問：「周天子用騂犅，羣公不毛。周公，諸公也，何以得用純牲？」臣仲舒對曰：「武王崩，成王立而在襁褓之中，周公繼文武之業，成二聖之功，德漸天地，澤被四海，故成王賢而貴之。《詩》云：『無德不報。』故成王使祭周公以白牡，上不得與天子同色，下有異於諸侯。臣仲舒愚以爲報德之禮。」臣湯問仲舒：「天子祭天，諸侯祭土，魯何緣以祭郊？」臣仲舒對曰：「周公傅成王，成王遂及聖，功莫大於此。周公，聖人也，有祭於天道。故成王令魯郊也。」臣湯問仲舒：「魯祭周公用白牡，其郊何用？」臣仲舒對曰：「魯郊用純騂犅。周色上赤，魯以天子命郊，故以騂。」臣湯問仲舒：「祠宗廟或以鶩當鳧，鶩非鳧，可用否？」仲舒對曰：「鶩非鳧，鳧非鶩也。臣聞孔子入太廟，每事問，慎之至也。陛下祭躬親，齋戒沐浴，以承宗廟，甚敬謹，奈何以鳧當鶩，鶩當鳧？名實不相應，以承太廟，不亦不稱乎？臣仲舒愚以爲不可。臣犬馬齒衰，賜骸骨，伏陋巷。陛下乃幸使九卿問臣以朝廷之事，臣愚陋，曾不足以承明詔，奉大對。臣仲舒昧死以聞。」

【译文】

廷尉大臣张汤冒死陈说：臣张汤秉承皇帝的旨意，用郊事询问前胶西相董仲舒。臣董仲舒回答：「所知道的古代天子的礼制，没有比郊祭更重要的。郊祭常在正月上旬的辛日举行，这是因为要在各种神灵之先居于最前位。礼数，服丧三年，可以不祭祀自己的祖先，但不能废弃郊祭。郊祭比祭祀宗庙重要，因为上天比人尊贵。《礼记·王制》里说：『祭祀天地的牛，牛角小若茧似栗；祭祀宗庙的牛，牛角四指长；招待宾客的牛，牛角一尺。』这是说德行越美、级别越高的越要选用年幼的牲牛。《春秋传》里说：『鲁国祭祀周公，用白色的公牛。』白色贵在其纯净。祭祀天帝的牲牛要在涤宫里养三个月。牲牛贵在肥壮洁净，不贪图它高大。一切饲养牺牲的要求，务必在于肥壮洁净而已。幼畜不能喂养的，不如让它们吃其母乳便利。」臣张汤恭谨地问董仲舒：「鲁国祭祀周公用白色的公牛，不合礼数吧？」臣董仲舒说：「合礼。」臣张汤问道：「祭祀周天子用红色的公牛，祭祀群公则用毛色不纯的公牛。周公是群公之一，为什么用纯色的牲牛？」臣董仲舒回答说：「武王过世之后，成王继位，当时还是个在襁褓之中的孩子，周公继承文王武王的功业，成就了二王的功绩，德行浸润天地，恩泽遍及四海，所以成王尊重并崇尚他。《诗经》说：『没有不报答的恩德。』所以成王让用白色的公牛祭祀周公，向上不能和天子用同样的颜色的牲牛，向下又区别于其他诸侯。臣董仲舒认为这是报答恩德的礼仪。」臣张汤问董仲舒：「周天子祭祀上天，诸侯祭祀灶神，鲁国为什么祭郊？」臣董仲舒回答说：「周

公传授教导成王，成王就成为了圣人，功劳没有比这更大的了。周公是圣人，对天道要进行祭祀。所以成王让鲁国祭天。」臣张汤问董仲舒：「鲁国祭祀周公用白色的公牛，那郊祭上天时用什么？」臣董仲舒回答说：「鲁国郊祭用红色的公牛。周天子崇尚红色，鲁国因为是周天子准许郊祭的，所以用红色牲牛。」臣张汤问董仲舒：「供奉宗庙有用野鸭充当家鸭的，野鸭不是家鸭，可以用吗？」臣董仲舒回答说：「野鸭不是家鸭，家鸭不是野鸭。我听说孔子进入太庙，对每一件事情都要查问，极为谨慎。君主祭祀必定亲自进行，斋戒沐浴，以承继宗庙，甚为恭敬谨慎。为什么要以家鸭冒充野鸭，野鸭冒充家鸭？名称与实际不相符，用来承继太庙，不也不相称吗？臣董仲舒认为不可以。臣材质低下，年老体衰，求得致仕，低伏于陋巷。陛下有幸派遣九卿询问臣朝政事务，臣愚钝浅陋，不能够承接陛下英明的昭示，回答天子的询问。臣董仲舒冒死来禀告您。」

【原文】

# 卷十六

## 執贄第七十二

凡執贄，天子用暢，公侯用玉，卿用羔，大夫用雁。雁乃有類於長者，長者在民上，必施然有先後之隨，必俶然有行列之治，故大夫以爲贄。羔有角而不任，設備而不用，類好仁者；執之不鳴，殺之不諦，類死義者；羔食於其母，必跪而受之，類知禮者；故羊之爲言猶祥與！故卿以爲贄。玉有似君子。子曰：「人而不曰如之何、如之何者，吾末如之何也矣。」故匿病者不得良醫，羞問者聖人去之，以爲遠功而近有災，是則不有。玉至清而不蔽其惡，内有瑕穢，必見之於外，故君子不隱其短。不知則問，不能則學，取之玉也。君子比之玉，玉潤而不污，是仁而至清潔也；廉而不殺，是義而不害也；堅而不磬，過而不濡。視之如庸，展之如石，狀如石，搔而不可從繞，潔白如素，而不受污，玉類備者，故公侯以爲贄。暢有似於聖人者，純仁淳粹，而有知之貴也，擇於身者盡爲德音，發於事者盡爲潤澤。積美陽芬香，以通之天。暢亦取百香之心，獨末之，合之爲一，而達其臭，氣暢于天。其淳粹無擇，與聖人一也，故天子以爲贄。而各以事上也。觀贄之意，可以見其事。

【译文】

拜访尊者的时候，天子用鬯酒作为礼品，公侯用玉，卿用羊羔，大夫用大雁。大雁有和长者相似的地方，长者在人民之中是尊贵的，他举止得体而众人跟随，体貌美善而众人秩序井然，因此大夫以雁为贽。羊羔有角而不用，虽然有防备的武器却置之而已，这和好仁的人相似；抓羊的时候它不叫，杀羊的时候它也不悲啼，这就像死于义的人；羊羔在吃母乳的时候是向其母跪

着的，这和知礼的人类相似；羊读起来又跟祥接近，因此卿以羊羔为礼品。玉和君子相似。孔子说：「那些从来不问怎么办，怎么办的人，我对他们也真是不知怎么办了。」隐藏病情的人，不能得到良医的诊治，羞于问事的人，圣人会离开他，认为他从长远来讲不会成就功业，从近处来讲则会有灾祸。因此不接近这种人。玉质清澈，但从不隐蔽其不好的地方，内有瑕疵，必然见之于外。君子也是这样，不隐藏自己的短处。不知道的东西就会问，不会做的事情就去学，这是取之于玉的品德。君子的品质可以和玉来相比，玉润洁而不污，这是有仁德而清洁；玉方正而不显露锋芒，这是有义而无害于人；玉坚而不刚，润泽而不沾湿。看起来很平常，展开时像石头，形状像石头，又不可弯曲，洁白的品质像绢一样不受污染，玉的德性很完备，因此公侯以玉为贽。鬯酒很像圣人的品质，圣人纯粹而醇厚，有智慧的尊贵，积于己身的都是美德之音，发于事的则都是润泽万物。把醇香之气发散出来，上通于天。鬯酒也是取百香的精华合于一身，用花心之末掺入酒中，发散其香而上至于天。它的纯粹和圣人是一样的，因此天子以鬯为贽。天子、公侯、卿、大夫各以鬯、玉、羔、雁作为拜访尊贵之人的礼品。因此观察贽的涵义，就可以明白一个人的身份和职责了。

【原文】

## 山川頌第七十三

山則巃嵸㠑崔，摧嵬𡾰巍，久不崩陁，似夫仁人志士。孔子曰：「山川神祇立，寶藏殖，器用資，曲直合，大者可以爲宮室臺榭，小者可以爲舟輿浮灄，大者無不中，小者無不入，持斧則斫，折鐮則艾，生人立，禽獸伏，死人入，多其功而不言，是以君子取譬也。且積土成山，無損也；成其高，無害也；成其大，無虧也。小其上，泰其下，久長安，後世無有去就，儼然獨處，惟山之意。《詩》云：『節彼南山，惟石巖巖；赫赫師尹，民具爾瞻。』此之謂也。」

水則源泉混混沄沄，晝夜不竭，既似力者；盈科後行，既似持平者；循微赴下，不遺小間，既似察者；循谿谷不迷，或奏萬里而必至，既似知者；障防山而能清淨，既似知命者；不清而入，潔清而出，既似善化者；赴千仞之壑，入而不疑，既似勇者；物皆困於火，而水獨勝之，既似武者；咸得之而生，失之而死，既似有德者。孔子在川上曰：「逝者如斯夫，不舍晝夜。」此之謂也。

【译文】

山势险峻高耸，高峻不平，历久不崩塌，像仁人志士一样。孔子说：「山神、地神的地位已经确立，出产珠宝矿产，供给器皿用具，所产木材曲直正好合适，大的可以用来做宫室和台榭，小的可以用来做船只、车辆和筏子，大的没有不符合人们要求的，小的没有不适合人们愿望的，手

持斧头就可以砍削，拿着镰刀就可以收割，活着的人站立上面，禽兽藏匿山中，死去的人埋入其中，它有众多功绩却从不自夸，所以君子用大山作比喻。而且积聚泥土成山，没有损害；积土成就山的高峻峭拔，没有祸害；积土成就山的宽阔广袤，没有亏损。上面小，下面大，长久地安稳存在，后代也没有远离或凑近的，严肃庄重地独自伫立，是只有大山具有的意志。《诗经》里说：『高大的那座南山，巨石磊磊，赫赫有名的尹吉甫啊，百姓都在仰望你。』就是这个意思。」

水自源泉汹涌不断地流出，昼夜都不停歇，像强有力者；灌满坑洞后继续流淌，像是主持公平者；循着细微的缝隙飞流而下，不遗漏任何小的空隙，像是明察秋毫者；循着山壑流淌而不迷失，或者流淌万里而必定到达目的地，就像智者；有山作为堤坝阻挡而能保持清澈洁净，就像是知命者；不洁净的水流入其中，会洁净地流出，就像长于教化者；流向千仞高的沟壑，流入时毫不迟疑，就像一个勇者；万物都被火所围困，独独只有水能战胜它，就像一位武者；万物都会因为得到水而滋生，失去水而死亡，就像一位有德的人。孔子在河川上说：「流逝的时光如同这流水一样，昼夜不停。」就是这个意思。

【原文】

## 止雨第七十五

雨太多，令縣邑以土日，塞水瀆，絶道，蓋井，禁婦人不得行入市。令縣鄉里皆掃社下。縣邑若丞合史、嗇夫三人以上，祝一人；鄉嗇夫若吏三人以上，祝一人；里正父老三人以上，祝一人，皆齋三日，各衣時衣。具豚一，黍鹽美酒財足，祭社。擊鼓三日，而祝。先再拜，乃跪陳，陳已，復再拜，乃起。祝曰：「嗟！天生五穀以養人，今淫雨太多，五穀不和。敬進肥牲清酒，以請社靈，幸爲止雨，除民所苦，無使陰滅陽。陰滅陽，不順於天。天之常意，在於利人，人願止雨，敢告於社。」鼓而無歌，至罷乃止。凡止雨之大體，女子欲其藏而匿也，丈夫欲其和而樂也。開陽而閉陰，闔水而開火。以朱絲縈社十周。衣赤衣赤幘。三日罷。

二十一年八月甲申，朔。丙午，江都相仲舒告内史中尉：陰雨太久，恐傷五穀，趣止雨。止雨之禮，廢陰起陽。書十七縣，八十離鄉，及都官吏千石以下，夫婦在官者，咸遣婦歸。女子不得至市，市無詣井，蓋之，勿令泄。鼓用牲于社。祝之曰：「雨以太多，五穀不和，敬進肥牲，以請社靈，社靈幸爲止雨，除民所苦，無使陰滅陽。陰滅陽，不順於天。天意常在於利民，願止雨。敢告。」鼓用牲於社，皆壹以辛亥之日，書到即起，縣社令長，若丞尉官長，各城邑社嗇夫，里吏正里人皆出，至於社下，鋪而罷。三日而止。未至三日，天暒亦止。

【译文】

雨水太多，让县城在土日，堵塞沟渠，断绝流道，盖好水井，禁止妇人进入集市。命令县、乡、里都打扫灶社神庙之下，县邑中的县丞及官吏、啬夫三人以上，庙祝一人；乡啬夫等官吏三人以上，庙祝一人；村长父老三人以上，庙祝一人，都斋戒三日，各自穿上四时的衣服。准备小猪一只，黍、盐、美酒及充足的财货，祭祀灶神。击鼓三天后祈祷。先拜两拜，跪下来向神陈诉祈求，陈诉完毕，再拜两拜，然后起身。庙祝说：「唉！上天生长五谷用来养育人，现在雨水太多，五谷不调和，恭敬地进贡肥美的祭牲和清酒，用来恭请灶神，有幸为人们止雨，去除人们所苦恼的阴雨，不让阴气减灭阳气，阴气减灭阳气，则不顺应上天。上天长久的心意，在于对人类有益，人们祈祷止雨，斗胆告诉灶神。」敲鼓但不唱歌，直到祭祀结束停止。但凡是止雨这样有关大局的仪式，女人要躲藏隐匿起来，男子要和气快乐。打开阳气而闭合阴气，关闭水而放开火。用红色的丝线绕庙社十周。穿红色的衣服戴红色的头巾。三天后结束。

江都王在位的二十一年八月甲申日，初一。丙午，江都相董仲舒告知内史中尉：阴雨太久了，恐怕要伤害到五谷，赶紧止雨。止雨的礼节，废弃阴气启动阳气。写文书给十七个县、八十个乡和都城内千石俸禄以下的官吏，夫妇都任职于官府的，都遣送妇人回家。女子不能到集市去，到集市的人不能接近水井，水井盖好，不要漏水。在社庙击鼓并献上祭牲。祈祷说：「雨水已经太多了，五谷不调和，恭敬地进献肥美的祭牲，用来恭请社神，社神有幸为人们止雨，去除人们的苦难，不让阴气减灭阳气，阴气减灭阳气，不顺应于上天，上天的意图常常在于有益于人，希望停止下雨。斗胆告诉您。」在社庙内击鼓并献上祭牲，全部都在辛亥日，文书到达就开始，县社长官及县丞、尉、各城邑的地方官、里的官吏里正和里人都出来，到达社庙，申时吃饭结束。三日后停止。还没有到三日，就雨停天晴了。



【原文】

## 祭義第七十六

五穀，食物之性也，天之所以爲人賜也。宗廟上四時之所成，受賜而薦之宗廟，敬之性也，於祭之而宜矣。宗廟之祭，物之厚無上也。春上豆實，夏上尊實，秋上朹實，冬上敦實。豆實，韭也，春之所始生也。尊實，麷也，夏之所受初也。朹實，黍也，秋之所先成也。敦實，稻也，冬之所畢熟也。始生故曰祠，善其司也；夏約故曰礿，貴所受初也；先成故曰嘗，嘗言甘也；畢熟故曰蒸，蒸言衆也。奉四時所受於天者而上之，爲上祭，貴天賜，且尊宗廟也。孔子受君賜則以祭，況受天賜乎！一年之中，天賜四至，至則上之，此宗廟所以歲四祭也。故君子未嘗不食新，新天賜至，必先薦之，乃敢食之，尊天、敬宗廟之心也。尊天，美義也；敬宗廟，大禮也。聖人之所謹也。不多而欲潔清，不貪數而欲恭敬。君子之祭也，躬親

之，致其中心之誠，盡敬潔之道，以接至尊，故鬼享之。享之如此，乃可謂之能祭。祭者，察也，以善逮鬼神之謂也。善乃逮不可聞見者，故謂之察。吾以名之所享，故祭之不虚，安所可察哉！祭之爲言際也與？祭然後能見不見。見不見之見者，然後知天命鬼神。知天命鬼神，然後明祭之意。明祭之意，乃知重祭事。孔子曰：「吾不與祭，如不祭。祭神如神在。」重祭事，如事生。故聖人於鬼神也，畏之而不敢欺也，信之而不獨任，事之而不專恃。恃其公，報有德也；幸其不私，與人福也。其見於《詩》曰：「嗟爾君子，毋恒安息。静共爾位，好是正直。神之聽之，介爾景福。」正直者得福也，不正者不得福，此其法也。以《詩》爲天下法矣，何謂不法哉？其辭直而重，有再歎之，欲人省其意也。而人尚不省，何其忘哉！孔子曰：「書之重，辭之復。嗚呼！不可不察也。其中必有美者焉。」此之謂也。

【译文】

五谷是人类基本的食物，是上天专门赐予人的。祭祀时进献四时的产物，是把所受的赐予进献给宗庙，这是最大的尊敬了，最适合于祭祀，在宗庙的祭祀中，没有比这更丰厚的物品了。春季用豆装祭品，夏季用匱，秋季用簋，冬季用敦。豆中装的是韭菜，这是春天才开始生长的。匱中装的是煮熟的小麦，这是夏季最先收获的。簋中所装的是黍，这是秋季最先成熟的。敦中装的是稻，是说冬季五谷全部成熟了。春天开始生长，所以春祭叫做「祠」，称赞祖先善于管理。夏季简约，所以夏祭叫做「礿」，这是看重最先接受的谷物。黍子先成熟，所以秋祭叫做「尝」，「尝」是甘甜的意思。五谷全部成熟，所以冬祭叫做「蒸」，「蒸」就是祭品众多的意思。进奉四季从上天所获得的东西给祖先，为最高的祭祀，是以上天所赐为最高贵，并且尊敬祖先。孔子受到君主的赏赐就要祭祀给祖先，况且受上天所赐呢？一年之中，上天赏赐给人们四次，赏赐来临就进献给祖先，这就是宗庙为什么一年要有四次祭祀的原因。因此君子不是不爱吃新鲜食物，但每一次新的天赐（韭、麦、黍、稻）到来，必定先进献给祖先，然后自己才敢食用，这是尊敬上天和宗庙的心理。尊重上天，是美好的品德；敬重祖先，是最高的礼节。圣人所谨慎对待的事情，就是不贪多而务求洁净，不追求数量而表现出恭敬，君子对于祭祀，一定是亲自参加，表达内心的诚意。竭尽尊敬和纯洁的道义，来迎接最尊敬的神灵，所以神灵才会来享用。达到这个地步，才可以说是祭祀。祭祀就是考察，使自己的善能够让鬼神知道。善能达到让不可闻见的鬼神知道，这就叫做考察。我根据祭祀的名称进献祭品，所以祭祀不虚假，有什么不能察见呢？祭祀是交际与会合吗？只有祭祀然后才能发现平时见不到的事物，发现见不到的事物然后才知道天命和鬼神，知道天命鬼神然后才明白祭祀的本意，明白祭祀的本意才知道重视祭祀的事情。孔子说：「我若不亲自参与祭祀，对我来说就和没有举行祭祀是一样的。祭祀神灵就要像

神灵就在眼前一样。」重视祭祀，就如同服侍父母一样。所以圣人对待鬼神，敬畏他而不敢欺骗他，相信他但不单独信任他一个，侍奉他而不专一依靠他。依靠他的公正来报答有德之人，希望他无私地给人好运。这在《诗经》中就有记载：「喂！你这个君子，不要一直安逸地休息，要静心地尽好你的职责，好好发挥你的正直品德。神灵听察到你的情况，会给你最大的福运。」正直的人得到保佑，不正直的人得不到保佑，这就是法则。以《诗经》中标准作为法则，还有什么没有法则呢？《诗经》中的这段话用辞率直且有分量，又两次感叹，是希望人们理解它的意思。可是有的人还是不理解，他遗忘得多严重啊！孔子说：「书中反复言说，用辞一再强调。唉！像这样的地方不可不注意啊！其中一定有美好的意义。」表达的就是这个意思。

## 【原文】

# 卷十七

## 如天之為第八十

陰陽之氣，在上天，亦在人。在人者爲好惡喜怒，在天者爲暖清寒暑。出入上下、左右、前後，平行而不止，未嘗有所稽留滯鬱也。其在人者，亦宜行而無留，若四時之條條然也。夫喜怒哀樂之止動也，此天之所爲人性命者。臨其時而欲發其應，亦天應也，與暖清寒暑之至其時而欲發無異。若留德而待春夏，留刑而待秋冬也，此有順四時之名，實逆於天地之經。在人者亦天也，奈何其久留天氣，使之鬱滯，不得以其正周行也。是故天行穀朽寅，而秋生麥，告除穢而繼乏也。所以成功繼乏，以贍人也。天之生有大經也，而所周行者，又有害功也，除而殺殛者，行急皆不待時也，天之志也，而聖人承之以治。是故春脩仁而求善，秋脩義而求惡，冬脩刑而致清，夏脩德而致寬。此所以順天地，體陰陽。然而方求善之時，見惡而不釋；方求惡之時，見善亦立行；方致清之時，見大善亦立舉之；方致寬之時，見大惡亦立去之。以效天地之方生之時有殺也，方殺之時有生也。是故志意隨天地，緩急倣陰陽。然而人事之宜行者，無所鬱滯，且恕於人，順於天，天人之道兼舉，此謂執其中。天非以春生人，以秋殺人也，當生者曰生，當死者曰死，非殺物之義待四時也。而人之所治也，安取久留當行之理，而必待四時也。此之謂壅，非其中也。人有喜怒哀樂，猶天之有春夏秋冬也。喜怒哀樂之至其時而欲發也，若春夏秋冬之至其時而欲出也，皆天氣之然也。其宜直行而無鬱滯，一也。天終歲乃一偏此四者，而人主終日不知過此四之數，其理故不可以相待。且天之欲利人，非直其欲利穀也。除穢不待時，況穢人乎！

【译文】

阴阳之气是上天的表现，同时也体现在人身上。在人身上的表现就是好恶与喜怒，在上天的表现就是暖清与寒暑。在出入、上下、左右、前后运动不息，从未有过一点的滞留。阴阳二气在人身上也应该是随着人的行动而运动不息，像四季更替一样有序。喜怒哀乐的发生和停止，是上天赋予给人的本性和命运。在什么情况下表现出什么状态，也是符合天道的，就像暖清寒暑在适当时候的表现一样。如果滞留恩德以等待夏秋再发作，滞留刑罚等待秋冬再实施，表面上是顺应四时，实际上却违背了天地的常道。人和天是一样的，为何久留上天之气，而不使其正常运行呢？因此上天运行到夏天谷子成熟，而在秋天又长出麦苗，是告知人们要除去荒草而使麦苗接济匮乏。通过接济匮乏来赡养人们。上天生育万物有大的原则，而急于实现这一原则，则又会损害功业，（疑有阙文）为铲除而杀死他，行为急切而不等待时机，是上天的志向，而圣人就是承接天志进行治理的。因此，在春季实行仁爱来求善，在秋季实行正义而去恶，在冬季实行刑罚而求政治清明，在夏季实行德政而求宽容。这是顺应天地、体会阴阳的方法。当其求善的时候，不因别人的邪恶而放弃求善；当其去恶的时候，见到善也会马上去实践；当其求清明的时候，见到有德的人马上举荐；当其求宽容时，见到大恶就马上去除。以此来效仿天地刚刚生养万物之时就有肃杀，在肃杀之时又有生养。因此志力意向追随天地，行为快慢仿效阴阳。然而人事中应当做的，就是无所滞留，宽恕别人且又顺应天地。天道是阴阳并举，这就是把握适中。上天并不仅仅在春天生人，在秋天杀人，而是人该生的时候就叫他生，该死的时候就叫他死，上天生人和杀人并不专门等待四季的某一季节到来。而治理国家，怎么能拿长久滞留而又当立行的事，去等待四时的出现呢？这叫做壅塞，不符合中的标准。人有喜怒哀乐，就像天有春夏秋冬一样。喜怒哀乐自然发泄和春夏秋冬自然出现一样，都是阴阳之气产生的，应当径直表现而不停留，这都是一致的。上天一年才用遍这四季，而君主一天之内要处置的事情却不知道要超过这四件事多少，他处理事情不可像四季之理那样等待时机。况且，上天要有利于人，不只是表现在谷物的生长上。除去杂草都不愿有所等待，更何况除去邪恶之人呢？

【原文】

## 天地陰陽第八十一

天、地、陰、陽、木、火、土、金、水，九，與人而十者，天之數畢也。故數者至十而止，書者以十爲終，皆取之此。聖人何其貴者？起於天，至於人而畢。畢之外謂之物，物者投所貴之端，而不在其中。以此見人之超然萬物之上，而最爲天下貴也。人，下長萬物，上參天地。故其治亂之故，動靜順逆之氣，乃損益陰陽之化，而摇蕩四海之内。物之難知者若神，不可謂不然也。今投地死傷而不騰相助，投淖相動而近，投水相動而愈遠。由此觀之，夫物愈淖而愈易變動摇蕩也。今氣化之淖，非直水也，而人主以衆

動之無已時，是故常以治亂之氣，與天地之化相殽而不治也。世治而民和，志平而氣正，則天地之化精，而萬物之美起。世亂而民乖，志僻而氣逆，則天地之化傷，氣生災害起。是故治世之德，潤草木，澤流四海，功過神明。亂世之所起亦博。若是，皆因天地之化，以成敗物，乘陰陽之資，以任其所爲，故爲惡愆人力而功傷，名自過也。天地之閒，有陰陽之氣，常漸人者，若水常漸魚也。所以異於水者，可見與不可見耳，其澹澹也。然則人之居天地之閒，其猶魚之離水，一也。其無閒若氣而淖於水。水之比於氣也，若泥之比於水也。是天地之閒，若虛而實，人常漸是澹澹之中，而以治亂之氣，與之流通相殽也。故人氣調和，而天地之化美，殽於惡而味敗，此易之物也。推物之類，以易見難者，其情可得。治亂之氣，邪正之風，是殽天地之化者也。生於化而反殽化，與運連也。《春秋》舉世事之道，夫有書天，之盡與不盡，王者之任也。《詩》云：「天難諶斯，不易維王。」此之謂也。夫王者不可以不知天。知天，詩人之所難也。天意難見也，其道難理。是故明陽陰、入出、實虛之處，所以觀天之志。辨五行之本末順逆、小大廣狹，所以觀天道也。天志仁，其道也義。爲人主者，予奪生殺，各當其義，若四時；列官置吏，必以其能，若五行；好仁惡戾，任德遠刑，若陰陽。此之謂能配天。天者其道長萬物，而王者長人。人主之大，天地之參也；好惡之分，陰陽之理也；喜怒之發，寒暑之比也；官職之事，五行之義也。以此長天地之閒，蕩四海之內，殽陰陽之氣，與天地相雜。是故人言：既曰王者參天地矣，苟參天地，則是化矣，豈獨天地之精哉？王者亦參而殽之，治則以正氣殽天地之化，亂則以邪氣殽天地之化，同者相益，異者相損之數也，無可疑者矣。

【译文】

天、地、阴、阳、木、火、土、金、水，一共是九个，加上人正好是十，天数就完备了。所以数到十就没有了，写字也是以十为结束，这些都取法于此。人为什么是尊贵的呢？天数十当中，从天开始一直到人，在此之外，都称为物。所谓物，就是天数之所以尊贵的开端，但又不在天数之中，这就足见人已经超越于万物之上，成为天底下最为尊贵的。人向下长育万物，向上与天地相贯通，所以人类社会的治理和动乱，动静顺逆的二气，会损益天地阴阳的变化，而激荡于四海之内。物中所最难知晓的就好像是神明，不能不说是这样的。把物丢落在地上则会有死伤，而不能活动，将物丢落在稀泥中就会越动越近，丢落在水中就会慢慢远离。由此可见，物落入越湿润的地方就越容易变动摇荡。由气转化而成的泥沼，不仅仅是水，而国君动用众人来不断搅动它，所以治乱之气经常与天地的变化相混淆，社会就不能得到治理。社会治理得好，那么民众的生活就

和谐，志向平和而气端正，于是天地的变化趋向精粹，而万物中最美的东西就产生了；社会动乱而民众乖离，志向偏邪而气逆，于是天地的变化就受到伤害，导致了灾害的发生。所以太平盛世的德行浸润草木，在四海内都有影响，其至其功业超过了神明；动乱时期，也差不多是这样；他们都是由于天地的变化，使物或成或败，凭借着阴阳二气的禀赋，任意行事，所以做了恶事就会造成人力的不协，而功业和名声都受到损害。在天地之间有阴阳二气，无时无刻不在浸润人，就像水无时无刻不在浸润鱼一样。与水所不同的是，水可见而阴阳二气不可见，水可以看到波动的样子（而气却不能）。然而人生活在天地之间，就像鱼不能离开水一样，没有间隔，就像气在水中，水紧临着气，就好像泥紧临着水一样。所以天地之间，看起来是空虚的实际上是实在的，人无时无刻不生活在波动的气当中，以治乱的气与之相通。因此如果人的气调和了，天地的变化就产生美好的东西，若与坏的东西相混淆，就会败坏口味，这是人们容易见到的。以此对万物归类，通过简单的可以看到复杂的，其情况就可以掌握。治乱之气，邪正之风，可以与天地的变化相混淆，它产生于天地的变化，而又与天地的变化相混，与天命相连。《春秋》列举世间的道理，又记录下来，尽与不尽，这是王的职责。《诗经》说：「天意难测啊！做君王很不容易。」就是这个道理。王不能够不知天，知天，是诗人难以办到的事，这是由于天意难见，其道难以梳理，所以明察阴阳的出入、虚实的位置，由此以观天志；分辨五行的本末、顺逆、小大、广狭，可以由此看到天道。天志于仁爱，天道也就正直，作为国君，给予、夺取、生、杀，都应该以正



直为标准，这就像四时一样；安排官员设置吏长，必须根据他的能力，这就像五行；爱好仁爱而厌恶乖戾，重视道德而不远离刑狱，就好像阴阳。这就可以与天相配。所谓天道是生长万物，而王道是长育民众。王是尊贵的，能够与天地相并为三；喜好和厌恶的相互分别，就是阴阳变化的道理。他的欢喜和愤怒的产生，就是寒暑二气的相互击荡；他对于官职的委任，就是五行的道理；以这些长养于天地之间，击荡于四海之内，混淆阴阳二气，与天地相混杂。所以有人说：王能够与天地相并为三，假如真的与天地贯通，就是王化，怎么只是天地的精气呢？王也是贯通而与天地相淆，治理是以正气与天地的变化相混，动乱是以邪恶之气与天地的变化相混，二者相同则相互补益，二者相异则相互损害，就没有什么要怀疑的了。

## 天道施第八十二

【原文】

天道施，地道化，人道義。聖人見端而知本，精之至也；得一而應萬，類之治也。動其本者不知靜其末，受其始者不能辭其終。利者盜之本也，妄者亂之始也。夫受亂之始，動盜之本，而欲民之靜，不可得也。故君子非禮而不言，非禮而不動。好色而無禮則流，飲食而無禮則爭，流爭則亂。夫禮，體情而防亂者也。民之情，不能制其欲，使之度禮。目視正色，耳聽正聲，口食正味，身行正道，非奪之情也，所以安其情也。變謂之情，

雖持異物性亦然者，故曰内也。變變之變，謂之外。故雖以情，然不爲性說。故曰：外物之動性，若神之不守也。積習漸靡，物之微者也。其入人不知，習忘乃爲，常然若性，不可不察也。純知輕思則慮達，節欲順行則倫得，以諫爭僴靜爲宅，以禮義爲道則文德。是故至誠遺物而不與變，躬寬無爭而不以與俗推，衆强弗能入。蜩蜕濁穢之中，含得命施之理，與萬物遷徙而不自失者，聖人之心也。

名者，所以别物也。親者重，疏者輕，尊者文，卑者質，近者詳，遠者略，文辭不隱情，明情不遺文，人心從之而不逆，古今通貫而不亂，名之義也。男女猶道也。人生别言禮義，名號之由人事起也。不順天道，謂之不義，察天人之分，觀道命之異，可以知禮之説矣。見善者不能無好，見不善者不能無惡，好惡去就不能堅守，故有人道。人道者，人之所由樂而不亂，復而不厭者，萬物載名而生，聖人因其象而命之。然而可易也，皆有義從也，故正名以名義也。物也者，洪名也，皆名也，而物有私名，此物也，非夫物。故曰：萬物動而不形者，意也；形而不易者，德也；樂而不亂，復而不厭者，道也。

【译文】

上天的准则是命施万物本性，大地的准则是承载化成万物，人的准则是行持义理。圣人看到始端便知根本，精粹到极点了；他得到一点便能应对众多，是因按照统类而治理推导的。动摇它的根本而不知道使它的枝末安静下来，接受事物的开端而不能拒绝它的终结。利益是盗窃的本源，行为不端是祸乱的开始。既然接受祸乱开始的不正当行为，摇动了盗窃的本源，而想要百姓安静，是不可能做到的。所以君子对于不合乎礼节的话就不说，不合乎礼节的事就不去做。礼是体察人的性情而且防止祸乱的。百姓的本性，一般不能控制自己的欲望，使自己考虑礼义。喜好女色而且没有礼节就会放荡，饮食的时候没有礼节就会争斗，放荡争斗就会产生祸乱。（圣人教导人们）眼睛看正当的物色，耳朵听正当的音乐，口中吃正当的食物，身体走正当的道路，这不是强行改变人的性情，是用来安抚人的性情的。情的变化是由本性中发出的，虽然受到外物的撼动，但还是出乎本性。所以本性叫做内。改变本性的变化叫做外。因此虽然依据性情改变本性，但是不能按照原来的本性来说。所以说：依靠外面的力量改变本性，如同精神不能持守一样。养成不好的习惯，逐渐达到细微而难以察觉之处，这些细微的不良习惯渗透进人性中，人们却不觉知，坏习惯养成了，竟忘了常规，好像人的本性就是如此，这样的情况不可以不去体察。认真地认知，灵活地思考，思虑就会通达，节制欲望顺正道而行就能得到正当的次序，把纠正别人的过错和静寂作为归宿，把礼义当做原则，言行文采就具有德操了。因此内心至诚之

人抛弃外物而不改变本性，自身宽大、不争斗又不参与俗人相计较，外物强大也不能进入和影响自己的内心。蜩蝉在污秽中蜕皮，包含天命施与的道理，和万物一起运动变化却不失掉自身的本性，这是圣人之心。

名称是用来区分事物的。亲近者就用重名，疏远的就用轻名，尊贵的就用文采之名，卑下的就用质朴之名，近处的用详名，久远的用略名，文辞不隐讳实情，表达实情又不遗落修饰，人们听从这种命名，而且不去悖逆它，贯通古今却不紊乱，这就是命名之道的大义。男女也具备道的属性。人出生后另外用礼义教化加以分别，名号由人命名是人类的教化之一。不顺从天的原则，称为不符合礼义，考察上天与人之间的区分，观察大道与运命的不同，可以知道礼的价值。见到善的东西不能不去喜好，见到恶的东西不能不去憎恶，喜好、憎恶、远离和亲近，因为人不能一直坚守正确的标准，所以就建立人道去约束人性。有了人道，人们就由此得到快乐而不产生祸乱，虽然重复却不厌烦，万物都有名称而存在，圣人是按照它们的特征来命名的。然而名称可以改变，都要有正当的原则所依从，所以要用正当的大义原则去正名。物是洪名，是统称之名，而每一物又有自己独有的私名，表示是这种物，而不是别的物。所以说：万物运动而不能表现出来行迹，是意；表现出来而不随意，是德行；欢乐而不狂乱，重复而不厌烦，是道义。